日本でいちばん小さな出版社

佃由美子

晶文社

装幀　本山木犀

日本でいちばん小さな出版社　目次

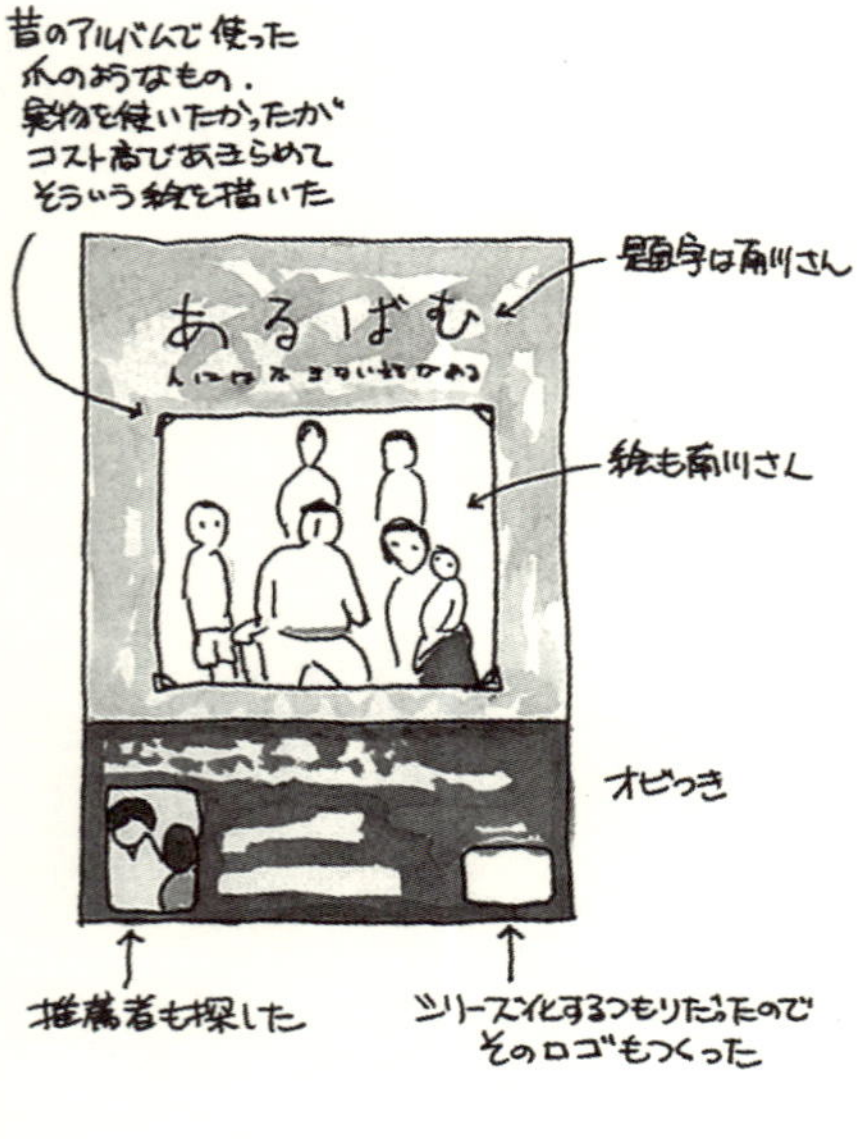

昔のアルバムで使った
爪のようなもの。
実物を使いたかったが
コスト高であきらめて
そういう絵を描いた
題字は南川さん
あるばむ
絵も南川さん
オビつき
推薦者も探した
シリーズ化するつもりだったので
そのロゴもつくった

3日後には人気の新人
最初の
ビジネス
マナー
実用書なので
あまりひねりなし
著者の絵を
パソコンで
描いた

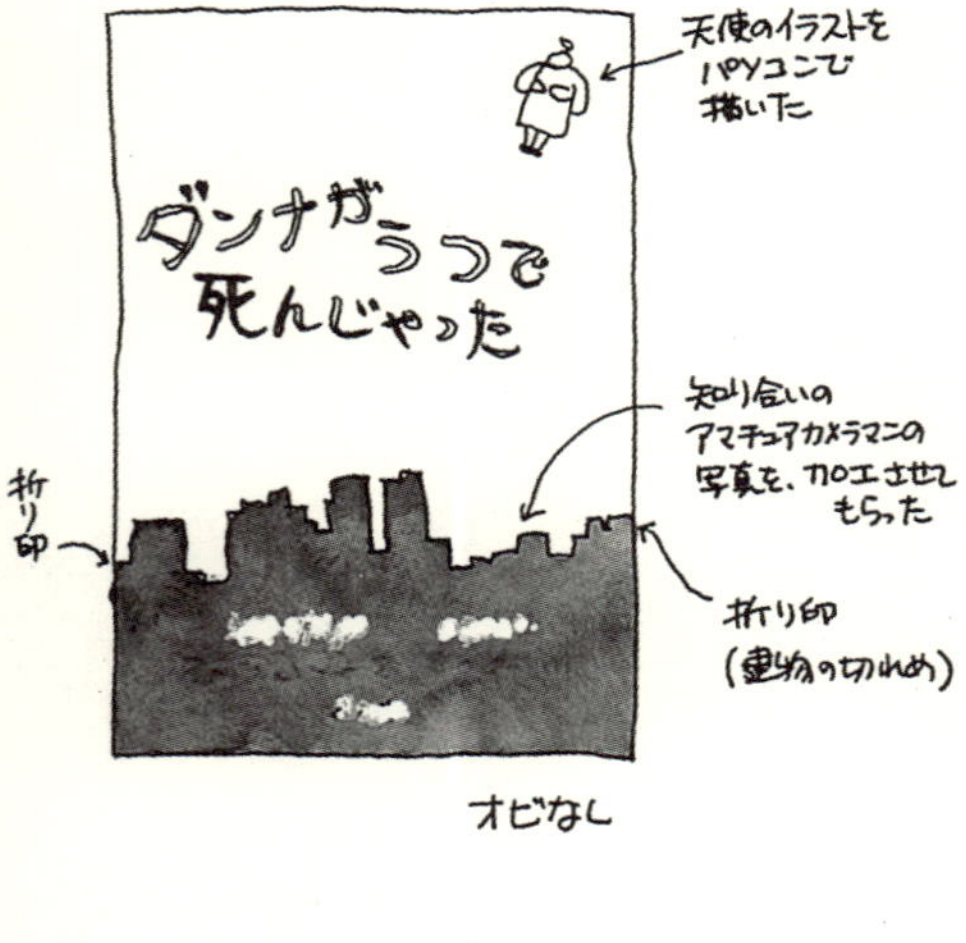

天使のイラストを
パソコンで
描いた
ダンナがうつで
死んじゃった
知り合いの
アマチュアカメラマンの
写真を、加工させて
もらった
折り印
折り印
(建物の切れめ)
オビなし

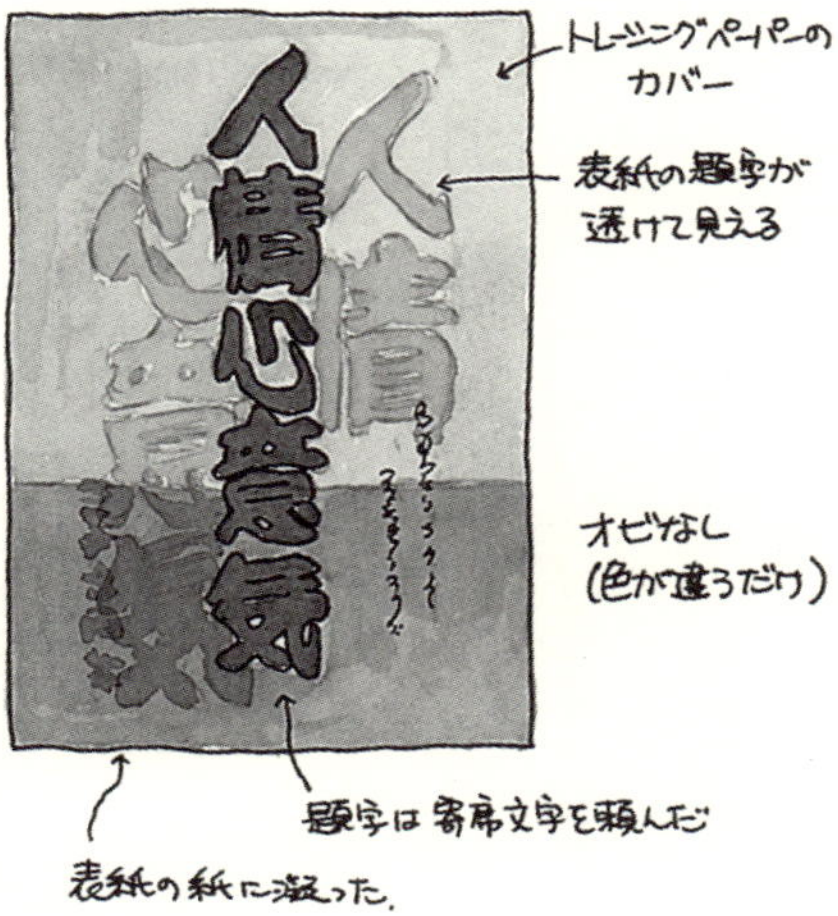
人情心意気
トレーシングペーパーのカバー
表紙の題字が透けて見える
オビなし（色が違うだけ）
題字は寄席文字を頼んだ
表紙の紙に凝った。

イラストレーション　佃由美子

序章　本は身近な存在

私が生まれた頃（東京オリンピックの年です）には奇抜な乳幼児教育はまだなくて、親は普通に躾《しつ》けて普通に育てていたのではなかろうか。子どもたちは、勉強するより外で遊んでることのほうが多かった。そのせいか、いい両親に恵まれたわりには、膝に抱かれて絵本を読んでもらった甘い記憶はあまりない。どちらかというと、自分で読めるようにと親は熱心にひらがなを教えてくれた気がする。

本を読み始めたのは、小学校に入学した頃だったか。『ブリタニカ世界子供百科』を、毎月一冊ずつ家に届けてもらっていた。項目がアルファベット順に並んでいて、挿絵の人物が黒人だったり金髪だったりして、ちょっと別世界なところが好きだった。あと、学校で毎月配られる『科学と学習』も楽しみに読んでいた。アリの巣を作ったり（気持ち悪い）花の汁をもみ出す（何のためだっけ？）付録なんか、なくてもいいのにといつも思っていた。

あるとき、学級文庫に『世界の偉人伝全集』が来た。クラスの人気者ですでに自意識の塊《かたまり》だった私は、バタバタと本を取り合うクラスメイトたちをよそ目で眺めていることにした。焦るのはカッコ悪いと思って、ちょっと離れて斜《しゃ》に構えていたのだ。

が、ハッと思ったときには、ヘレン・ケラーとかキュリー夫人とかワシントンとかの、メジャーな人たちの巻はことごとく借りられてしまっていた。人気者としては、悔しい思いを表に出すわけにはいかない。残された数冊の中から、黙ってケネディを手にした。

よくわかんないけど勝海舟（同じく残っていた）よりましだろうと思って見ると、思いっきり最近の人である。やっぱりカスが残ったかと余計に頭に来て（自分が悪いんだが）、それは読まないでさっさと返して、図書館に行くことにした。図書館には高学年向けの本もあって、学級文庫より上等な気がしたのだ。

そこで何気なく手に取ったコーネル・ウールリッチの『非常階段』に、はまってしまった。与えられるものではなく、自分で行動を起こして本を手にするのはこのときが初めて。七歳にして本に目覚めたというわけである。

その勢いで少年少女推理全集の本を次々と借りて読み、読破したら隣の棚の少年少女世界ＳＦ文学全集に移ってまた読みまくる。

そのうち、「将来は宇宙に行って活躍する」と思い込むようになった。当時の子ども達の憧れの職業といえば、野球の選手とかレーサー。そういうのは学級文庫で満足している奴らに任せておけばよかろうと考えた。

ところで、本を読んでその気になっちゃうのは私の得意とするところで、イアン・フレミングを読んでスパイに憧れ（未実現）、梶山季之を読んで相場師に憧れ（三分の一くらい実現）、青山光二を読んで土建屋と博徒に憧れた（半分くらい実現）。他にもいっぱいある。

それはそうと、確かに本を読むことは好きだったけど、小学校に市バスで通っていたこともミソだったと思う。普通、子どもは遊んだり宿題したりで忙しいんだけど、バスに乗ってる時間は暇。で、本を読む。この通学時間の果たした役割は非常に大きい。

中学二年の夏、親の転勤で名古屋から東京の区立に転校したら、徒歩通学になった。今思い返してみても、転校後の中学時代はあまり本を読んでない。高校三年間と大学を辞めるまでの二年間は、再び交通機関を使って通学していたから、やっぱりよく読んでいた。片道一時間くらい。することがないので、ひたすら本を読む。（電車の中でボケーッと立ってる人、暇じゃないんだろうか）

大学生になるとアルバイトのおかげで小遣いも潤沢になり、いっぱい本が買えるようになる。ハードカバーのビジネス書やビジネス小説に凝って買いまくった。週に三、四冊。困ったのは、読んだ本の置き場所である。自室はすごく狭くて、スチールの本棚が一本あるのみ。ごちゃごちゃと物をとっておくのが嫌いなので、天井まで本で埋まった作家の書斎みたいになるのは嫌だった。とっときたいんじゃなくて、あくまでも、どんどん読みたかったのだ。でも捨てられない。新刊が多かったから、古本屋に持ってくのは無理だろうと考えた。古本屋というのは、古くて価値が上がってるような本しか買ってくれないのだと思っていた。もちろん、当時はブックオフみたいな店はない。

いろいろ考えた結果、逆万引きすることにした。カバーやオビは汚さないようにとっておいて、痕《あと》をつけないように丁寧にめくりながら読む。読み終わったらまたカバーをかけて、買った本屋さんに持っていく。そして、店員さんにみつからないように、カバンから出してそっと棚に置く。盗むわけじゃないんだけど、なぜかこそこそやっていた。

万引きの反対だから万押しかなと思ったけど、なんか語感がイヤラシイので逆万引きと呼んでいた。当時、八十冊くらいそうやって返したと思う。

もしかしてこの本屋さんに迷惑をかけてるかもしれないなんて、当時は一切考えない。二回売れて、少なくとも二人に読んでもらって、本も本屋も幸せだと大満足していた。

その後、約九年のオーストラリア暮らし。これがまあ、日本語に飢えること、飢えること。なまじっか邦人企業なんかで働いていたので、二日遅れくらいの日経新聞がある。これを隅々まで(広告も)読むんだが、それでも満たされない。

おまけに、駐在員たちに本社から届けられる日本の雑誌がチョロチョロと目に入る。学生時代から大好きだった男性週刊誌を、見せてもらいたくて仕方ない。が、若い女性に週刊現代は似合わないだろうという自意識で、貸してくれと言い出せない。

日本より近いから、休暇を取るとなるとシンガポールとかタイによく行った。お目当ては、当時のオーストラリアにはなかった、日本のデパートに入っている書店。確か、紀伊國屋だったと思う。帰りのフライトの重量制限が気になる（というか、自分で持つのに重い）ので、買えるのはせいぜい五冊まで。だから吟味に吟味を重ねて買う本を選ぶ。本を買うのにあんなに時間をかけたのは、あの頃だけである。

日本に戻って、日本語の本を山ほど読めるのがすごく嬉しかった。

帰国してから二年ほどたつと、頭のほうも完全に外国暮らしから復帰した。そろそろ実家を出よう。当時、両親は千葉県の新松戸という新興住宅地に住んでいて、これがまた都会でも田舎でもない中途半端なところだった。一人暮らしするなら、もっと粋なところにしよう。出久根達郎を読んで、紋紋が入った渋い男と淡い関係になることに憧れていたので、佃島に住むことに決めた。例によって、本を読んでその気になっちゃってたのである。

地方出身者の多くは青山に憧れつつ中央線沿線の安い所に住んじゃったりするものだけど、それは青いというもの。バブル崩壊後、佃は地価下落率日本一に輝いた。東京駅から二キロ、銀座から一キロという便利さのわりに、その頃はまだ人気薄だった。めちゃくちゃお得なロケーションである。佃の佃さんってことで自己紹介ネタにもよかろう。これは実際引っ越したらちょっと恥ずかしかったんだが、まあよしとする。

当時はある会社でサラリーマンをしていて、副業で翻訳の仕事を請けたり相場で小金を稼いだりしていた。もともと新しいモノ好きで、興味を持つと手を出さずにいられない。だんだん雑収入が増えてきて、結構面倒になってきた。こりゃ青色申告のほうがいいかもしれない。

そう思っていた頃、勤め先の会社に出入りしていたシステムエンジニアの小野田クンと知り合った。なんか気が合って、毎晩のようにつるんで飲み歩く。彼はフリーのSEで、個人事業主として節税に苦労しているらしい。じゃあ、二人の収入をまとめて法人にしちゃえばいいんじゃないかと盛り上がった。

ちょうど、私の幼馴染（大地主の娘）がある事業を始めようとしていた。法律とか規制に結構縛られる業種で、話が通じる仕入先（要するにトンネル会社）がほしいとのこと。ちょうどいいってなもんで、小野田クンと二人で中央アシストという名の有限会社を作ったのが平成十一年。「有限会社の設立まるわかり」みたいな本に従って登記をし、「簡単！簿記二級」みたいな本に従って帳面をつける。もともと、何かというと書店に走るタイプだったけど、知識欲でなくて必要性で本を買ったのは、このときが初めて。子どもの頃からの「読み物」に加えて、実用書の読書量がどーんと増えた。

小野田クンからプログラミングの基礎を教わって、ちょっとしたシステムを作るようになったのもこの頃で、システム関係の分厚い（高い）本にもやたら世話になった。そこから芋づる式にコンピュータ関連の勉強をしたおかげで、会社の事業内容にホームページ制作やネットワークの接続作業なども加わった。

さらに二年後、幼馴染のトンネル会社をやめるにあたって、彼女の家から間借りしていた事務所を引き払うことになった。会社の登記も自宅に移すことにする。佃島は東京都中央区にある。もちろん、今は周りが埋め立てられて島じゃない。出久根達郎の世界は薄まっちゃったけど、高級マンションと昔ながらの民家が混在する、素敵な街だ。もんじゃ焼きで有名な月島と接している。

素敵な街はいいんだが、中央アシストという社名が類似商号に引っかかった。中央区だから、中央がつくものはことごとくダメ。まったく別の社名を考えなければならない。いろいろ考えたんだけど、なかなかピンと来るものがない。しょうがないから、ドイツ人と結婚した妹の子ども（私の唯一の姪っ子）の名前がアニカだったので、もうそれでいいやってなもんでアニカにしてしまった。もともと節税のために作った会社で、相棒となった小野田クンもお気楽な人間だったから、こういういい加減なことがまかり通る。

言ってみれば、会社そのものだって、上場を目指すような今どきのカッコいい起業なんかとは全然違う。個人事業主に毛がはえたようなもの。なにしろ経理も総務も、経験のなかった私で間に合っちゃう程度なのである。
その会社が将来出版社になるとは、思ってもみなかった。

第一章　オギャーと世に出る

突然の「出版社になれ」要請

平成十四年の春は、法人にしたことが無駄にならない程度に、いろんな仕事を請け負っていた。相棒の小野田クンと私の経験を生かした、システム開発やＩＴ関連のコンサルティングやホームページ作りや翻訳など。そう言うとカッコいいが、何でも屋である。安定した顧客がついてくれていたので、実にのんびりしていた。ひどいときには、

「今日はホームページの追加作業の受注が決まったから、もう仕事は終わりにしよう！」

「明日はゴルフだから、早めに切り上げよう！」

なんて、午後四時頃にはビールを空けていたりした。

ある日、知人がやってきた。

「ちょっと相談があるんだけど」

「何？　松ちゃんが相談なんて怖いなあ」

この松ちゃんは、いろいろ手広く事業をしている。人脈も広いし押しも強い。小野田クンと私にとっては、顧客であると同時に頼りになる先輩みたいな存在だ。彼のそばでうろちょろしていると、おいしい仕事にありつけたりするのだ。気さくないい人で、

「松ちゃん、忙しくしてるわりには、また太ったんじゃない？」

と言うと、

「ストレスで太っちゃうんだよ。地方に行くと、どうしても外食でしょ？　奥さんの手料理ばっかりなら太らないのにさ」

とのろける、優しい中年男でもある。

地方に行くのは、手広い事業のひとつであるセミナー開催のため。ビジネスマンや定年退職したオヤジ向けに、資格試験対策のセミナーをしているのだ。それも、自分で生徒を集めて自分で講義もして、同時にその試験のための参考書も執筆して、何冊か本になって出ている。

「僕の本を出してる会社が潰れそうなんだよ。出版社になってくれたら、佃ちゃんのとこから出すからさ。なってくれない？」

「また、唐突な……。それに出版社になるったって、どうやってなるの？」

まったくの門外漢なのである。当時、出版社どころか、編集者やライターなど周辺の人たちにも関わりがなかった。本は身近な存在だけど、よく買って読むだけの話で、それを作って売る側のことなんか考えたこともなかった。

傍らの小野田クンは、どちらかというと本よりテレビが好きなタイプで、あまり関心なさそうにしている。

松ちゃんはニコニコしながら、答えた。

「本を本屋さんに流してくれる問屋があって、そことの取引を始めるだけ」

松ちゃんの本は、平成何年度前期版・何々試験の傾向と対策みたいな本で、毎年バカスカ売れているらしい。福祉とかファイナンスジャンルの、いかにも定年前のオヤジが飛びつきそうな、役立ちそうでかつそれほど難関じゃないという、受験者も多そうな資格。今後も、同じ系統の本をどんどん出すという。松ちゃんは弾丸のような勢いで説明した。

「今度からアニカで出すと言えば、問屋が取引を開始してくれるから」

別に構わないけど、特別いい話にも思えない。すると松ちゃんは、私のノリの悪さにすぐ気づいて付け加えた。

「問屋との取引は簡単に始められるものじゃないんだよ。普通は結構大変らしい。だから一旦始めたら、出版社の権利があるって威張れるから」

後から知ったんだけど、出版社ＯＢのホームページなどにも、

「ただ本を出したいなら、自費出版すればいい。出版社にはなかなかなれませんよ」

と書いてある。問屋に取引申込をしても、そう簡単に、ハイ、いいですよとは言ってくれないらしい。

「けど、僕の本の版元をアニカに変えるって言えば大丈夫」

そりゃいいやってなもんで、了承した。出版社の権利ってのが、なんとも魅力的に思えた。権利に弱いのである。

履歴書に書ける資格は運転免許しかない。大学ではせっかく建築学科に入ったのに中退したし、続けて頑張ることが苦手だし、自慢できる才能もない。子どもの頃から（本のせいで）宇宙飛行士やスパイなどカッコいいものに憧れたけど、憧れるだけで全部挫折している。

そもそもなんで中退したかというと、大学に入ってから遊びすぎて、四年じゃ卒業できないと言われたからだ。それまで一緒に学んでいた友が卒業していって私だけもう一年大学生をするというのは、めちゃくちゃみっともないことに思われた。ならば、卒業できなくなる前に辞めてしまえってなことで、親には申し訳ないが、生きる道を探るとかなんとか理由をつけて退学してしまった。

その頃は、中退といったら本流を外れてしまうことだった。そのみっともなさと、新卒で就職できないハンディをカバーするためには、外国暮らしを経験して箔をつけるのがよかろうと思わ

れた。

とはいえ、大学を途中で辞めておいて、どこかへ留学するなんて贅沢は望めない。で、ワーキングホリデーという「一年間滞在できてアルバイトもできる＝生活費を稼げる」ビザをとって、オーストラリアに逃げ出した。

結局永住権を取って建設会社に就職して、一年どころか足掛け九年も彼の地に住んでいた。だから英語は話すけど、英検とかＴＯＥＦＬとかは受けてない。ただ試験勉強が嫌だっただけなんだが、話せりゃいいと思って何の資格も持ってない。

で、権利である。私個人に資格が何もないので、どうも商売上の権利獲得に走ってしまう。

会社設立のきっかけになった大地主の幼馴染。彼女の家がアパートやコンビニを持っているのをいいことに、損害保険の代理店になって火災保険のお客さんになってもらった。損保代理店は、金融庁の監督のもとに営業するれっきとした権利。人の会社の人事を手伝った勢いで、人材派遣業の免許も取った。やたら商売上の権利には手を出している。

仕事はのんびりなんだが、ちょっと目新しいことにはすぐ首を突っ込んでしまう。本当に何でも屋なのである。となると、出版社の権利とやらも、ぜひ獲得したい。

私がそう言うと、

「合点承知！　その問屋とやらの取引を始めておくよ」

「取引始めるのに出版計画とか必要らしいから、そのへんは用意しておくよ」

と、松ちゃんもにこやかに帰っていった。

さて、本の問屋ってのを探さなければ。

昔、親友の家が本屋をやっていて、本がいっぱい詰まった段ボール箱が置いてあったのを覚えていた。社名はうろ覚えだったが、なんとか調べてみるとやっぱり本の問屋らしいが、本の問屋とは言わずに、取次会社と呼ぶらしい。出版社が出した本を仕入れて、全国の書店に卸してくれる。本をそれぞれの書店に届けるという物流の他にも、全国のどの書店で本が売れてもその売上代金を回収して、最終的にまとめて出版社に支払うということもしてくれる。

この取次会社に「あなたと取引しますよ。ついてはあなたの取引コードは何番です」と言われて、ようやく出版社になれる。これが、取次口座の開設と呼ばれているものだ。

問屋でも取次会社でも何でもいいので、さっそく電話してみる。

たどり着いたところは、書籍仕入部という部署だった。そのときはわからなかったんだけど、後になって仲良しになった印刷会社の人曰く、取次会社のエリート部署らしい。電話に出た男性は、とりあえず会いましょうと言ってくれた。

当時の私は何も知らなかったんだが、取次会社を通す「出版社→取次→本屋さん」という流れは、書籍流通の正常ルートと呼ばれている。ちなみに正常以外のものには、コンビニとか駅の売店などに卸すルートがある。本屋さんじゃないところに卸すのは、昔は特殊だったということか。

なおかつ、私が電話したのは取次大手のひとつであるトーハンだった。ただの偶然なんだが、無知だったわりには王道を行ったわけである。

「最初から大手さんですか、それは緊張したでしょう？」

後日、出版業界のいろんな人からそう言われたが、緊張なんかしない。こんなことを言うと怒られそうだけど、あの程度の本社ビルくらいいっぱいある。私は元土建屋。でかいビルを建てる施主は、みんなでかい会社なのである。


第一回目の取次訪問は、今思えば「取引開始の申し込みくらいはさせてやろう」という感じだったんじゃなかろうか。体育会系の若い男性が、提出する書類の説明をしてくれただけだった。会社の謄本、役員全員の職歴、出版実績、出版計画など。

まずは、勇んで登記簿謄本を取ってきた。

役員全員の職歴は、まるっきり嘘じゃない程度に多少誇張した。就職活動する人の履歴書くらいの底上げ、かわいいもんである。ちなみに、私はたまにパソコンで絵を描いたりしていたので、印刷デザインのプロと書いた。ただの趣味なんだが、レベルはともかく、やってることはほぼ同じである。

うちの役員ではなかったけど、松ちゃんを営業担当として加えておいた。実際、売るのは彼である。ついでに言うなら、書くのも彼である。私はただ、出版の権利とやらを取ればいいのだ。

そのときはまだそう思っていた。

出版実績は、松ちゃんが他社で出してきた資格本をベースにして作った。部数などを少々脚色したが、ここがミソだったと後で知る。

出版計画は、やはり松ちゃんが、「初年度に十冊くらい書いておけばいいらしい」との情報をどこかから仕入れてきて、見栄えよく書いてくれた。

二回目の訪問は一回目と違って、いよいよ面接の様子を呈してくる。念のために、押しの強い松ちゃんに同行してもらう。一回目と同じ体育会系の男性に、用意した書類を提出した。

体育会は書類にざっと目を通すと、有限会社はダメ、キャッシュを千五百万円用意してくださいと言った。

「ま、何冊か出して軌道に乗るまでに、千五百万円は必要でしょう。御社はデザイナーがいるということで（私のことらしい）、あまり外注しなくても済むでしょうから、そんなもんでしょうね」

本一冊出すのにいくらかかるかも知らなかったので、ふんふん、そうですかと聞く。私は相場好きなので、金額はともかく「種銭は借金で作るな」というのと同じ意味だなと考えた。

当時はよく考えなかったんだが、取次会社は、出版社から本を仕入れたらすぐ払ってくれるわけではない。出版社は、本を出したらすぐ現金が入ると思っちゃいけない。だから、出した本の

売上をあてにするなとの親心なのだった。実際、訪問するたびに、

「すぐに潰れるような出版社では、困りますからね」

と、体育会にしつこく言われた。

今になって思うんだけど、すぐに潰れる出版社だったら、取次もあまりダメージは受けないんじゃなかろうか。もっと大きな負債を抱えて潰れられるほうが、よっぽど厳しいトラブルだと思う。まあ、細かい取引先を増やしては潰れられていては大変だという考えなのかもしれない。

有限会社か株式会社かは、本当はたいした問題ではなかったらしい。後日、うちより後に取引を始めた出版社の社長と知り合って、きいてみたことがある。当時のうちと同じく、資本金三百万円の有限会社だった。けれども、株式会社にしろとは言われなかったそうだ。うちは、まともな有限会社に見えなかったのかもしれない。が、担当者の気まぐれという説もある。

「資金のほうは問題ないでしょう。法人格の変更も、すぐ取り掛かれますよね、佃さん」

体育会を前に、松ちゃんが調子のいいことを言う。とにかく、優良取引先になり得るという印象を与えるのが大事だと、前もってレクチャーされている。

「はい、株式会社にするための増資も問題ありませんし、通常の手続にかかるお時間だけいただければ……」

私も、松ちゃんと同じノリで太鼓判を押す。

実際は、法人格の変更もその登記も面倒くさいし（会計士や行政書士には頼まない。自分でするのである）、現金もどうしようと思ったが、こんなところで躓くわけにはいかない。笑顔で次の会合のアポを取って、二回目の訪問は終わり。

ここで不安な様子を見せないのは、非常に重要なことなんだが、考えてみれば当たり前。どんな業界でも、取引を申し込んでくる相手が不安そうだったらやめておこうと思うだろう。そのうち潰れそうだと思うのに、わざわざ取引を始めるバカはいない。

とにかく、大層な出版計画を出しても、断られることが多いらしい。うちの申し込みを進めてくれた体育会も、よく断ると言っていた。取引開始申し込みに来る十社のうち、二社くらいを上司に回すらしい。残りの八社は即お断りということだ。

この書籍仕入部には、出版社の営業マンが次から次へとやってくる。彼らは、どーんと長いカウンター越しに新刊の見本を届けている。その脇のほうに小さな応接スペースがあって、私のような取引申し込みの人間は、そのテーブルに案内される。ところが、そこでも順番待ちをするから、いろんな話が聞こえてくる。断られる人たちの話も聞こえてくる。

「いくら出版企画があってもねえ、そんな企画じゃ売れませんよ」

聞き耳立てると（野次馬なのである）、カッコいい若者二人組だったが、本職に売れないと言われて返事に困っていた。ここで困っちゃいけないんだな。絶対売りますって熱意を示さないと。

他には、現金を一億円用意しているという人たちがいた。地元で売れた本があるとかで、長野かどこかから来ていた。よく売れたので全国で売りたいとのこと。

「本を納品する窓口は東京にしかありませんが、どうされますか？」

そうきかれて絶句していた。結局、

「東京支店を開いてから、もう一度来てください」

と、断られていた。とりあえず、流通は既存ルートを使うとか言っておけばいいのに。

これは、今だから言えることで、本当は私も売込みが苦手な小心者だ。ただうちの場合、一緒に訪問した松ちゃんの押しの強さが効いた。セミナー会場でもバンバン売れるとか、今後はもっと宣伝するとか、大風呂敷と思うくらいノリノリで売り込んでいた。彼の押しの強さで、ずいぶんポイントを稼いだと思う。


次のアポまでの間に、会社訪問があった。取次会社の人が、うちまで来てくれる。

通常の、この会社と取引して大丈夫かいなという疑いの他に、在庫を置くスペースの有無も重要らしい。本が在庫になるから当然なんだが、思いもよらなかった。

うちの会社は狭い。狭いどころか、2LDKの自宅マンションの一室だけ。会社設立以前から趣味や副業用に机とパソコンを置いてあった部屋だ。それまではただのサービス業だったので、それで用は足りていた。打ち合わせなんかはリビングを使う（意外と思われるだろうが私はキレイ好きでインテリアにもうるさいので、リビングでも充分通用する）。が、在庫スペースとなると厳しい。

松ちゃんに相談すると、

「どうせ僕の本を出すんだから、ここを出張所にすれば」

と、彼の事務所の一角を提供してくれた。後輩分である私たちは、銀座の近くの彼の事務所（こちらはちゃんとしたビル）にちょろちょろと呼び出される。そのまま仕事を手伝えるように、小野田クンと私の机もあった。どーんと陣取っていたふたつの机をくっつけて周りを片付けた。

「あそこの書類部屋も使っていいから」

松ちゃんの好意で五坪ほど確保したが、別に面積を調べられるわけじゃない。あればいいのだ。出版のためにわざわざ別に出張所を確保した形になって、余計に好印象を与えられるかもしれない。

実際の訪問のときも、「ここが事務所ですか」程度の会話だった。在庫スペースというよりは、申告どおりのところにちゃんと会社が存在しているかの確認だったのではなかろうか。


必要な財務処理をして、法人格の変更登記をして、新しい謄本を持って三回目の訪問。二回目の訪問まで相手をしてくれていた体育会の上司も同席した。

実際は、この時点でもっと上のほうのハードルも越えていたと思われる。二回目と同じような話をして、最後にいろんな書類を渡された。目を通して押印してきてくださいと言われた。いよいよ、契約書だ。

晴れて口座開設

こう見えても（誰も見ないけど）、私は海外での取引経験が多少あるので、百ページを越える英語の契約書を隅々まで読んでほじくって文句言って、ということも得意だ。日本の契約書の「何かあったら仲よく話し合う」なんてのは、逆に怖いくらいである。

松ちゃんの事務所に作った出張所で、もらってきた書類に目を通す。とりあえず言うだけ言ってみるかくらいのつもりで、条件を吟味していた。すると、松ちゃんが横から覗き込んでこう言った。

「やめときなよ。文句言ったら、じゃあおたくは結構ですって言われるだけだよ」

取引してもらうことになっただけでも大成功なんだから、相手の言うとおりにしろということらしい。交渉不可か。ま、そりゃしょうがない。

どうせ本当は、条件がいいのか悪いのかも判断できないのである。ただ、何も言わずに納得するのはアホみたいかな、と思っただけだ。それに、なにしろこっちは他業種からの参入である。入れてくれるだけでありがたいという気持ちはある。

後日、出版業界のことを勉強してわかったけど、新参の小さい出版社は、老舗や大手と比べて結構不利になっているらしい。

それとも、交渉不可という状況そのものが不利なのか。実際は、松ちゃんのアドバイスに従ったので、本当に交渉不可なのかはわからない。


二回目の訪問で体育会がしてくれた説明によると、取次への納品は大きく分けて委託と注文の二種類ある。細かいことをいうともっといろいろあるけど、とりあえずうちではあまり関係ない。こういう新刊を出しますと言うと、ドサッと仕入れて書店にばら撒いてくれる。書店にばら撒くことを、配本という。このとき納品した本は、委託扱いになる。

その後、書店からちょこまかと来るのが注文。本屋さんで、取り寄せてくださいと頼むあれがそうだ。お客さんからの注文がなくても、売れた本を補充するために書店が注文してくれることもある。

で、この委託や注文の卸値が、本の本体価格に対して何パーセントと契約で決まっている。掛け率、あるいは正味という。つまり、どんな本体価格の本でも、そのパーセンテージをかけた金額が卸値になる。

この掛け率は、契約の中で守秘義務に縛られている。他の人に言っちゃダメですよってことだ。

委託の売上には、仕入割引というのもかかってくる。これも本体価格の何パーセントと契約で決まっていて、他人に言っちゃいけないのも同じ。

つまり、委託の場合の実際の卸値は、本体価格に掛け率をかけた卸値から、さらにこの仕入割引の何パーセントかを引いた金額になる。

よくわかんなかったので調べてみると、仕入割引の意味は「決められた期日までに支払う場合、さらに割り引いてもらう」ということらしい。サービス業で食べてきたうちなんかにはわかりづらい。決められた期日までに払うのは当たり前だという感覚がある。

後からわかったんだけど、この仕入割引は歩戻しとも呼ばれていて、こうなるとハッキリとリベートという意味になる。リベートだろうが何だろうが毎回同じ率なわけで、要は実際の卸値ってのはこれも引かれた金額になり、それが契約条件だということだ。

あと、「委託分の売上の清算時期（取次から出版社への支払い）はいつですよ」、「注文分はいつですよ」ということも決まっている。締め日と支払の時期についても、これまた他人に言っちゃいけない。

秘密が多いのである。なんで秘密が多いのか、おいおい学ぶことになる。

その他に、「納品数が一致しないときは、取次の把握している数字を使う」とか、「連帯保証人（私の他に二人）が破産したら、即取引中止」とか、いろいろ契約書（正確には、取引約定書および業務処理基準という）に書いてある。

あと、返品の手数料はどうとか、あれの手数料はどうとか、これの手数料はどうとか、細かい書類（手数料も多いのである）があった。

もちろん、すべて書かれている数字のまま、捺印した。

再び（四回目だ）取次を訪問して、それらの書類を提出する。とうとうすべての手続きが完了した。やったあ、これでうちも出版社だ。

続いて、納品の流れについて説明を受ける。

新しく本を作ると、まず見本として四、五冊を書籍仕入部に持ち込む。そのとき納品日を確認する。納品日の二日前の午前中に電話を入れて、配本数を確認する。納品日の午前中にその数を納めて、翌日（地域によっては数日後）書店に並ぶ。

一回目の訪問からずっと相手になってくれた体育会は、そこまでさらりと説明すると、

「じゃあ、本ができたら持ってきてください。わからないことがあったら、僕に電話ください。一応何でも僕が窓口になりますから」

と言って、にこっと笑った。体育会系のイメージどおり、非常に頼りになる気がする。新しいことを始める人間にとっては、結構ありがたい。

私は、後のことはそのときでいいやという性格なので、礼を言って腰を上げようとした。すると、

「ああ、この書類はうちじゃなくて、日本図書コード管理センターに送ってください」

と言って、ある紙を返された。出版者記号をとるための書類である。ＩＳＢＮコードも申請でき

る。

ＩＳＢＮというのは、International Standard Book Numberingの略で、世界共通の本のＩＤみたいなものである。一冊一冊に番号が振られて、世界中の本の流通のために使われる。本のカバーに、ＩＳＢＮ4-なんたら（平成十九年以降はＩＳＢＮ978-4-なんたら）という番号があるが、この4は日本の国番号、その後のなんたらの前半が出版者記号、後半が書籍ごとのコードになっている。番号ひとつにつきいくらと決まっていて（大量取得割引あり）、お金を振り込んだらすぐもらえる。

日本では、この基本のＩＳＢＮコードに、さらに読者対象・発行形態・内容を表す分類コードと本体価格からなるコードをつけている。両方合わせて、日本図書コードと呼ぶ。で、それを管理しているのが、日本図書コード管理センターだ。

ついでに言うと、日本図書コードをバーコードに変換したものは、書籍ＪＡＮコードと呼ばれる。こちらは、流通システム開発センターというところが管理している。

そういう説明は「日本図書コード　書籍ＪＡＮコード　実施の手引き」という説明書に書かれている。これを読んで初めてクリアになるんだが、問題はこの実施の手引きは出版者記号を取得した後に送られてくるということ。だから、それまでは〇〇番号とか〇〇コードとかやたらとあって、何のことだかさっぱりわからない。

「そうか、取次との契約締結が完了したから、次はいよいよ私企業じゃなくて公的なところでコードを取得するんだな。周りが騒いでいるコードとはこのことか」

そう誤解しても不思議じゃないと思う。実はその頃すでに仲のいい知り合いに、出版社になる手続をしていると自慢していた。中には私なんかより出版に詳しい人間がいて、

「へえ、取次コードが取れるんだ」

と驚かれたりしたのだ。

彼らが言う取次コードと、このとき申請した出版者記号が、私の頭の中でごっちゃになっていた。取次口座を取得してもらう番号は、正確には「取引」コードだから、彼らの理解も怪しいとは言える。

日本図書コード管理センターから出版者記号とISBNコード百冊分を受け取ったとき、ようやく取引コードが取れたのだと勘違いして、松ちゃんと小野田クンの三人で乾杯した。（実施の手引きなんか読むより、そっちが先である）

「やったね！　出版社だよ！」

「どうする？　ベストセラーが出たら？」

今思うと、まったく無邪気な話だ。

「そういえば、トーハンにコードとれたって連絡した？」

「あ、忘れてた」

慌てて体育会に連絡すると、それは違うという。呆れたような口ぶりで、別の四桁の数字を教

えてくれた。これが、取引コードだった。

実は出版者記号というのも、誰でも取れるものだった。こちらは、実際は日本出版コードセンターというところが付与するものらしい。日本図書コード管理センターが発行代行でもしているのか。出版とか図書とか管理とか流通とか、ごちゃごちゃといろんな団体が多い。業種が違えば、役人の天下りのために作ったのかと思うくらいだ。

とにかく、本を作りますと届け出れば、出版社じゃなくても個人でもすぐにもらえるものらしい。出版社じゃなくて出版「者」記号というのはそういうことかと、後になって合点がいった。ただし、ＩＳＢＮコードは「どの国の・どの出版者の・何番目の本」という体系で決まるので、やっぱり複数の本を出す出版者（＝出版社）のための番号だという前提ではある。


なんだかわかりづらくて少々混乱したが、今度こそ本当に、すべてが整った。

最初に訪問したトーハンの後を追う形で、もうひとつの大手である日販にも取引開始の申し込みをしていた。トーハンがＯＫならＯＫという感じで、そちらのほうも半歩遅れで書類提出や面接をこなし、契約までたどり着いた。なんでか知らないけど、取引コードは同じ数字だ。

晴れて、大手取次口座の開設である。最初にトーハンにコンタクトしてから、三ヶ月ほどたっていた。

記念すべき一冊目

ようやく出版社としての体裁が整い、どんどん本を作って書店に流して売りまくる準備ができた。器だけは、ベストセラーをバンバン出している有名な出版社と変わらない。

といっても評判になる本を出すノウハウなどないので、予定通り松ちゃんの本を出すことにする。松ちゃんの本は、面白くもなんともない資格本だ。それまでも別の出版社から出しているので、今年度の試験に合わせて少々書き換えればいいと言う。その原稿を待つことにする。

一応こんな私にも、いろんな本を出してみたいというほのかな思いはあった。が、右も左もわからないんだから、とにかく松ちゃんの本をまず出そう。私があれこれ企画を考えるチャンスも、そのうちできるかもしれない。今後の楽しみに取っておくことにする。それはそれで苦労があると知るのは、もっと先の話だ。

会社訪問のときに作った松ちゃんの事務所内の出張所ではなくて、うちの会社で他の仕事をしながらのんびり原稿を待っていた。うちを出版社にするという大仕事を終えて満足したのか、松ちゃんからの呼び出しもない。原稿を待つ以外に、特に何もすることはない。のん気なものだったのである。

何日かたって、原稿とは別件だがと断って松ちゃんから連絡が来た。

「今度、今までの資格セミナーの他にJ検ってのも始めるから、その本も出そう。けど僕は予定している本の執筆で忙しいから、そっちは佃ちゃんが書いてくれ」

松ちゃんは前にも書いたとおり、非常に押しが強い。なぜ強力に説得できるかというと、自分ならできるからである。僕にもできるんだから、あんたにもできるでしょ。そういう理屈で迫って、私に書けと言うのだ。

「何？　J検って。聞いたことないよ」

「情報処理能力活用検定。通称J検。新しい資格だから、聞いたことないかもしれないけどね」

松ちゃんは全然めげない。おまけに人の好さそうな丸顔で、にこにこしながら人を持ち上げて迫る。

「アニカはパソコン関係の専門家じゃん。公式テキストがあるから手に入れて、わかりやすく言い換えたりするだけだからさ。佃ちゃんならすぐできるって」

パソコン関係と言われれば、確かに松ちゃんでなくうちの会社、つまり小野田クンと私の守備範囲だ。

「僕がセミナーで売ってやるから」

と、身内営業も交えて押しまくられる。

その頃は、本は出せば売れると思い込んでいたので、商品ラインアップが増える分には構わない気もした。

けど、私に書けるかなあ。
ライターに頼むということなんか、思いもよらなかった。だってそうだ。私は、本っていうのは著者先生が書くものだと信じてた。本を書くのは、何とか賞をとった小説家か、立花隆みたいなドキュメンタリー作家か、専門の先生か、忙しい芸能人や政治家のゴーストライターだけだと思ってた。

ずいぶん後になって、ライターの相場を知りたくてそういう人が集まる団体に顔を出したとき、その仕事の多さにビックリした。けれどよく考えてみれば、名前を聞いたこともない人の本も、たくさんある。そういう本を、私もあまり気にせずに買って読んでいる。

編集プロダクションというものは、存在だけは知っていた。けれど、『京都の宿』みたいな全ページカラーの本のために取材に回る人たちだと思ってた。(当時は、そういう本をムックと呼ぶことさえ知らなかった)

結局、私が書くことになった。生まれて初めての執筆体験に、実はちょっとワクワクしながら書き始めた。ついでにイラストも描いてしまおう。ここで趣味が活きる。

二週間くらい奮闘したが、どうしても目標のボリュームに達しない。しょうがないので、組版やらカバーやらを頼む予定にしていた知り合いの田村さんに相談に行った。

ちなみに組版とは、編集者が指定したレイアウトどおりに文章や図やページの番号(ノンブルという）などを配置する、印刷の一工程のこと。もともとは活版印刷の頃からの言葉なんだそうだ。当時は印刷の歴史も何も知らなくて、専用のＤＴＰソフトを使って印刷のためのデータにすることとばかり思っていた。

田村さんは、広告印刷物のＤＴＰをメインにしているデザイン会社の社長だ。この人も松ちゃんと同じく、私たちの親分のような存在。パソコンにめちゃくちゃ詳しくてＤＴＰの会社を作っちゃったけど、才能といい風貌といい、秋葉原のオタクが年をとったような感じだ。とはいえ、会社自体は優秀なデザイナーを抱えていて、広告以外に雑誌や単行本の仕事も手掛けているようだった。

私は、たまに事務所に遊びにいっては、趣味の「パソコンでイラスト」のためにいろいろ教わったりしている。普段そうして世話になっているので、本を出すときは田村さんに発注しようと思っていたのだ。とりあえず、書いた原稿をテキストファイルにして持っていった。

頼もしいことに、ボリュームはどうにでもなると言う。パソコンとかシステムの世界には、できないとすぐ言う人間と、何でもできると言う人間がいるが、田村さんは後者のタイプだ。さっそく、テキスト原稿を書籍用のＤＴＰソフトに落とし込んでくれることになった。

「へえ、本当に出版社になったんだ。すごいじゃない」

さすがＤＴＰの会社の社長だけあって、やっとなった出版社の重みをわかってくれる。それも嬉しかったが、横で見ているとどんどんボリュームが増えていく。それも軽口を叩きながら線で囲んだり見出しをつけたりと、まるで脳みそが二人分入ってるみたいだ。私が書いたただの説明文が、売ってる本のページみたいに変身していく。なおかつ印刷用のデータのでき上がり。

「あとは終わりのほうにインデックスでも入れればいいんじゃないの。何々の説明は何ページに載ってる、みたいなリスト」

「そうかあ。気がつきませんでしたよ」

「出版社さん、しっかり頑張ってよ。できたらまたテキストデータで持ってきな。イラストも描けたら持っといで。手描きでもいいよ、こっちでスキャンするから」

さすがプロは仕事が早い。

週刊誌なんかは殺人的スケジュールに追われるとどこかで読んだが、時間に追われるのは記者や編集者だけじゃないだろう。デザイナーや印刷会社も、きっとものすごいスピードで作業をこなしていくに違いない。考えてみれば当たり前なんだけど、普段ちんたらとマックで遊んでいた私は、改めて感心してしまった。素晴らしい！

帰り支度を始めた私に、田村さんが言った。

「いいねえ、出版社。どこかの編プロに出版社名義を貸してやれ。それだけで四、五十万にはなるよ」

「何ですか、それ？」

田村さんの説明では、取次口座のない編集プロダクションがいっぱいあって、そういう会社が発行する本の発売元になると手数料が入るということだった。

けれど、編プロなんてどこも知らない。ただ、聞くだけでおいしそうな話ではある。そんな話があったらふってくださいと頼んで、帰ってきた。

田村さんは普段から調子のいい人物だが、その日は完全に彼にノセられた。これからいっぱい本を出して、私も彼も儲かって。明るい未来を頭に描いた。今考えると甘かった。

とにかくイラストを描き終えて、アドバイス通りにあいうえお順のインデックスを作って、また持っていった。印刷のこともよくわからないので、全部任すことにする。

けれども、田村さんが懇意にしている印刷会社は、書籍専門じゃなくて一般的な印刷屋だった。書籍専門のところに頼むより印刷製本代が少々高かったと後になってわかったが、当時はそんなこと知らない。田村さんと印刷会社の営業マンが私の目の前で値段交渉しているのを見て、頼もしく思っていた。

私は書くのは苦しんだけどそれだけのことで、後はすべて田村さん任せ。作業的には、総務部のおネエちゃんが会社の備品を注文するのと、何も変わらない。しいていえば、おネエちゃんの懐は痛まないが、私には後日請求書が送られてくる。ただし、その頃は資金もあったし（たいしたことないけど）、本屋さんに並べてもらえば売れると信じていたので、楽な商売だと思っていた。

数日して、田村さんから電話が来た。

「校正、上がってきたよ」

すっ飛んでいくと、テーブルの上にいろんな紙の束が乗っていた。

本体は、青焼きといって建設の図面みたいに印刷されて、それを折って束ねて本みたいにめくれるようにしたものだった。カバーはつるつるの紙に印刷されていて、色校といって色の具合を見ろという。見ろと言われても、本職のデザイナーに考えてもらったものだし芸術家じゃあるまいし、色の具合なんか全然気にならない。

その他に、細長い紙がある。何かときくと、スリップだという。本屋さんで売っている本に挟まってて、上から半円形で飛び出ているあの紙がそうだ。真ん中で折って、半分が売上カード、半分が注文票になる。だから、注文はその紙で来るのかと思ってたけど、そうじゃないと後でわかった。

青焼きの本体を見ていくと、やたらと間違いがみつかる。

「えっ、そんなにあるんですか」

印刷屋が青くなっている。

「原稿は印刷屋に出す前にしっかりチェックしなきゃダメだよ」

田村さんにも言われてしまった。そうとは知らなかった。校正というのは間違いを探すことだと思ってたから、そのとき探せばいいのだと油断していた。というか、建設現場ではバンバン青焼き図面を出してたから、出し直しは余分な工程だという自覚がなかった。

印刷会社のほうで修正してもらうことになったんだが、その数なんと六十二ヶ所。おまけにまた青焼き校正をするそうで、時間もかかる。修正と再度の青焼きで、五万円弱の余計な出費になった。ま、初めてなのでしょうがない。

ポスターなどの印刷物は、色校が終わったら後は納品だが、本は最初に数十冊の見本が上がってくる。田村さんからまたまた連絡をもらって、さっそく見にいった。

「へえ、いいじゃない」

本の形になると、見栄えがするのである。今になって思うんだが、自費出版をしたい人のモチベーションの一部は、これじゃなかろうか。

トーハンから「本ができたら、持ってきてください」と言われていたので、さっそく持って行く。ちなみに、午前中に行くことと五冊持っていくことは前もって聞いてある。

実はこれは見本納品といって、すごく大事なステップだった。その本をどのくらい売りたいか、どうやって売ってくか、取次に版元としての決意の程を示す場だったのだ。

どのくらい売りたいかというのは、もちろんたくさん売れるに越したことはないんだが、やはり計画というものがあるらしい。当時は出せば売れると思ってるので、

「へへっ、ベストセラーになったらいいなあ」

なんて、ヘラヘラ考えていた。他の商売なら、そんな根拠のない夢は見ない。建設だろうが翻訳だろうがシステム開発だろうが、仕事に見合った利益しか考えない。ところが出版となると、とたんにバカみたいに空想してしまうのだ。

どうやって売ってくかというのは、読者や書店向けにどんな宣伝を打つか（打ったか）というようなことだ。が、何も知らない私には、当然そんな決意もビジョンもない。ただ見本ができたから持ってっただけ。

トーハンでは、取引申込で世話になった書籍仕入部の、今度は応接コーナーじゃなくてカウンターに行く。カウンターの向こうには、体育会の他にも仕入部の人が六人くらい並んでいる。それぞれに違う色の番号札が割り振られていて、緑の札は体育会、黄色は誰、赤は誰と決まっている。自分の担当の人の色の札を取って、順番を待つ。午前中は午後とは全然違って忙しそうで、やたら真剣な雰囲気だ。緑の札を取って、カウンターから少し離れた椅子に座る。

キョロキョロ見渡すと、やたらたくさん持ち込んでいる人もいる。見本が四、五冊ずつだから、仮に五冊の新刊見本を出すとなると、全部で二十冊を越える。大きな紙袋を重たそうに抱えて待っている。順番に呼ばれて、次から次へとカウンターに本が乗っていく。

五冊のうちの四冊は取次への見本だが、もう一冊は国会図書館への納品分になると聞いていた。トーハンと日販に交互に持っていけとのこと。つまり今回は日販に持っていく見本は四冊でよくて、その次の新刊は逆にする。

仲よさそうに盛り上がる
どこかの出版社の営業マンと
トーハンの人
話しかけられても
端末に何やら
打ち込んだりして
忙しそうで怖い
見本と注文票を
出す以外、
あまり口をきかない
人もいる
持っていた
番号札を
返すための
スタンド
重そうな紙袋
普通のカバンの人も…

後になって気づいたんだが、どっちに何冊持っていこうが、どうせ国会図書館から「納品のお願い」が来る。だから最近は、その分は無視して両方に四冊だけ持っていって、国会図書館にはこっちで勝手に納品している。

他の人たちが仕入部の人とカウンター越しにやりとりしているのを、観察し続けた。やたら仲よさそうに話している人もいる。大きな出版社だと見本納品（だけ）の担当者かもしれないから、しょっちゅう会ってるに違いない。出版社というと格好いい編集者のイメージが強いが、ただのセールスマンのオヤジみたいな人も多い。あまりのどん臭さに、ちょっとビックリする。

ようやく私の番が来て、『情報処理能力活用検定　分析と理解』（NPO法人高齢者自立支援協会編）を五冊出す。体育会は、カバー→後ろ→奥付→目次と順番に見ていく。

ちなみに奥付というのは、本の最後のほうにある、いついつ何版発行とか著者や出版社の名前などの情報のことで、昔は政府の検閲のために必須のものだったらしい。古い本では、著者が発行部数を確認するために一冊ずつハンコを押したものもあるそうだ。私が覚えているのは、「検印廃止」と印刷された本くらい。最近はそれもあまり見ない。

何も言うことがない（売っていくビジョンがない）ので、黙って待っている。すると体育会は、パラパラとめくって中の本文にも目を通しながらこうきいた。

「この資格、人気あるんですか？」

松ちゃんに言われて作っただけなので、知るかそんなもんと思ったが、適当なことを言ってごまかした。ごまかすとその場はごまかせるが、売れなくて困るのは私のほうだと肝に銘じるのは、もっと後のことだ。

その足で日販に向かい、同じ要領で見本納品を終える。慣れないことをしたのでドッと疲れが出て、その日の午後はだらだら過ごしてしまった。

次の日、電話で納品数を確認して、それを印刷会社に伝える。田村さんの会社の出入り業者なので、私も何度か顔を合わせたことがある。いかにも印刷のプロという感じだったので、何でもスイスイ進めてくれると思い込んでいた。

「トーハンに千冊、日販に八百冊、明後日に入れてね。午前中だよ」

すると、印刷屋は意外とごちゃごちゃうるさい。

「トーハンったって、トーハンのどこへ納品するの？」

後になって、書籍をよく扱っている印刷会社であればそのあたりのことは言わずもがなだと知った。けれどもそんなこと知らないので、面倒だったけど一度電話を切って、調べてまたかけた。

すると今度は、

「で、納品書は？」

ハ？

私はそれまで建設業かサービス業しか知らなかったので、商品というブツを納品するなんてことは初めてなのである。

結局、本ってのは納品書のフォーマットとかうるさいらしいよという印刷屋の言葉に従って、トーハンに相談に行くことにした。

さすがに体育会にきくことでもなかろうと思って、同じ階のおネエさんを呼び止める。

「納品書に絶対書かなきゃいけない項目を教えてください」

この人、何言ってんの？　ってな顔をされて、こっちは初めてでわからないからと説明した。何回かやり取りして、ようやく取次各社共通仕様の納品書を奥から出してきて売ってくれた。売り物なのにさっと出てこないということは、納品書を買う人はほとんどいないってことか。

二冊買って（一冊五百円也）、ついでに書き方も教えてもらう。四枚複写。なんとか書き込んで、トーハンと日販の二社分八枚をちぎって、印刷屋に渡す。

また、疲れちゃったよ。いいからさっさと納品して配本してくれ。

楽しい納品の旅

なんやかんやで、見本納品が終わる。三日後に、印刷屋からの本番納品（新刊委託納品）も終わる。ホッとして、しばらくの間は他の仕事もさぼって遊んでいた。

ある日、日販から郵便物が来た。うちの会社の封筒に、うちの住所のゴム印が押してある。そういえば契約のときに、注文票は郵送するか取りにくるかときかれたことを思い出した。

これがそうかと思って開けてみると、横五センチ縦二十五センチくらいの紙切れが数枚入っていた。ああ、体育会や日販の人が言ってた短冊とはこのことか。なるほど、七夕の短冊のような感じだ。「どこそこの書店から何冊の注文」という情報がプリントされている。

ちなみに、この短冊をスリップと呼ぶ人もいる。新刊に挟む、半分の丸が飛び出ているあの紙と同じスリップだ。要するに縦長の紙だから、短冊と呼んだりスリップと呼んだりするんだと思う。

昔は、本屋さんは本に挟まれているほうのスリップを使って注文していたのかもしれない。今はコンピュータ化されていて、端末で注文を入力すると、取次で別のスリップが印刷されるに違いない。で、今回届いたのは、それだ。

じゃあ、なんでまだ新刊にスリップを挟むのかというと、よくわからない。端末がない本屋さんがまだいるからかもしれない。後になってわかったのは、本屋さんが本を売って、その売上カード（半丸のスリップの一方）を出版社に送り返すと、報奨金が出る場合もあるらしい。こうなると業界独自のリベートの話で、私なんかにはよくわからない。

ところで注文が来た本は、委託とはまったく流れが違う。委託分は印刷会社や製本会社から直接取次に納品してもらうので、私が手にするのは見本だけ。ところが注文分は、取次の受品口と呼ばれている場所にいちいち納品に行かなければならない。

トーハンの場合、飯田橋からちょっと行った本社ビルの裏側にある。隅田川の河口に近い佃島からだと、東京二十三区の真ん中あたりを目指す感じだ。距離にして六キロくらいか。日販は、御茶ノ水の本社とは別に、王子というところに物流センターがあってそこまで持っていく。王子は飯田橋のトーハンからさらに七キロほど北上、もう東京の北のはずれみたいなもんである。

両社とも、その受品口に棚がある。十センチ四方で奥行きが二十五センチくらいに仕切られていて、出版社が割り当てられている。その中に入っている自社あての短冊を受け取って、本に挟んで納品するという仕組み。

トーハンはよしとして、日販はめちゃくちゃ遠い。佃島は、東京の真ん中の外れにある。真ん中の外れってのは変な言い方だが、ようするにこっちが遠いんじゃなくて日販が遠いのだ。

王子まで行ってみて一枚もないと悲しいので、送ってもらうことにしたのである。送ってもらうと言ったって、そのための封筒はあて先を書いて切手も貼って、前もって渡してある。今回受け取ったのは、この封筒だった。

だから、どれだけ注文があるか、トーハンは行ってみて、日販は封筒を受け取ってのお楽しみ。なので、それぞれ、おみくじ棚、おみくじ封筒と呼ぶことにした。

呼ぶことにしたのはいいんだが、日販からの注文短冊を見て、トーハンの注文のことを思い出した。注文分の扱いについては、両社とも契約のときに説明してくれていたんだが、すっかり忘

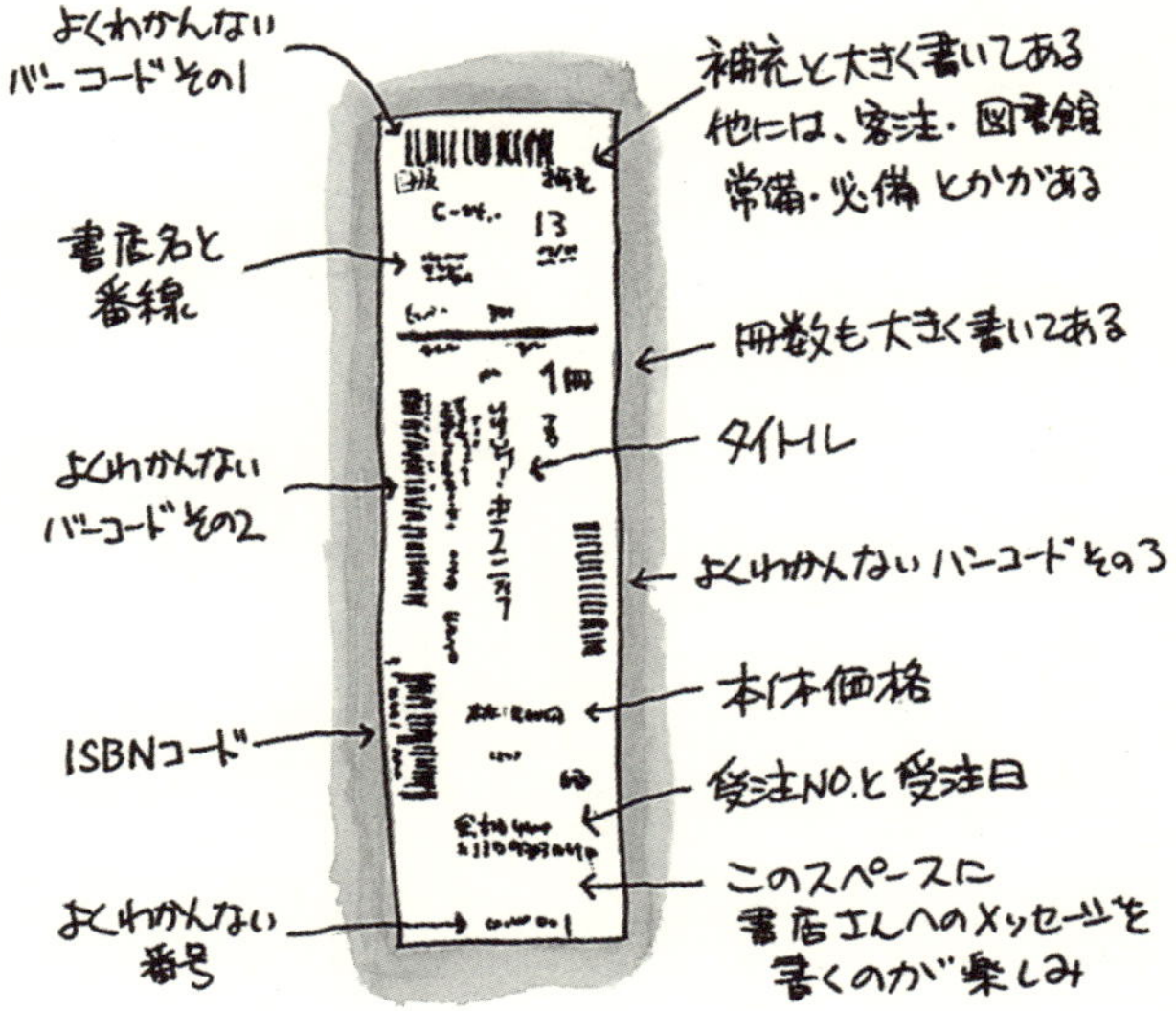

日販の注文短冊
（スリップ）

トーハンのは、いつもすぐ
挟んで納品してしまうので
よく覚えてない。

れていた。今思うと、のん気としか言いようがない。

慌てて、日販への数冊の納品のついでにトーハンにも行ってみることにする。

実は私は車の運転が大好きで、若い頃はラリーやここに書けないようなことも結構していた。今は、スープラRZに乗っている。（せっかく日本に帰ってきたんだから国産車に乗ろうと思って定番をいくつか試乗したとき、「女性でも乗りやすい」というふざけたコメントがついてきたフェアレディZとGTRは却下した。もう年なので、スープラはいじらずにノーマルのまま乗っている。おっと、車の話になると止まりませんよ）

さすがに最近は静かにしているし、平日の都心は駐車するのに困るので、休みの日に乗るくらいに自重していた。

さて本の納品となるとみんな車で来るだろうから、停める場所には困らないに違いない。喜んで、スープラの助手席に数冊積んで出かけていった。

緑が美しい皇居のお堀の横を通って、いい気分でトーハンに到着。本社ビルの周りをぐるりと回ると、裏側の敷地は結構広い。トラックや乗用車がいっぱい停まっていた。

とりあえず空いているところに停めて、建物の中のおみくじ棚を見にいく。

「おうっ、一枚ある！」

それを受け取ってニヤニヤしながら車に戻り、助手席の本を一冊取ってページの間に挟む。委

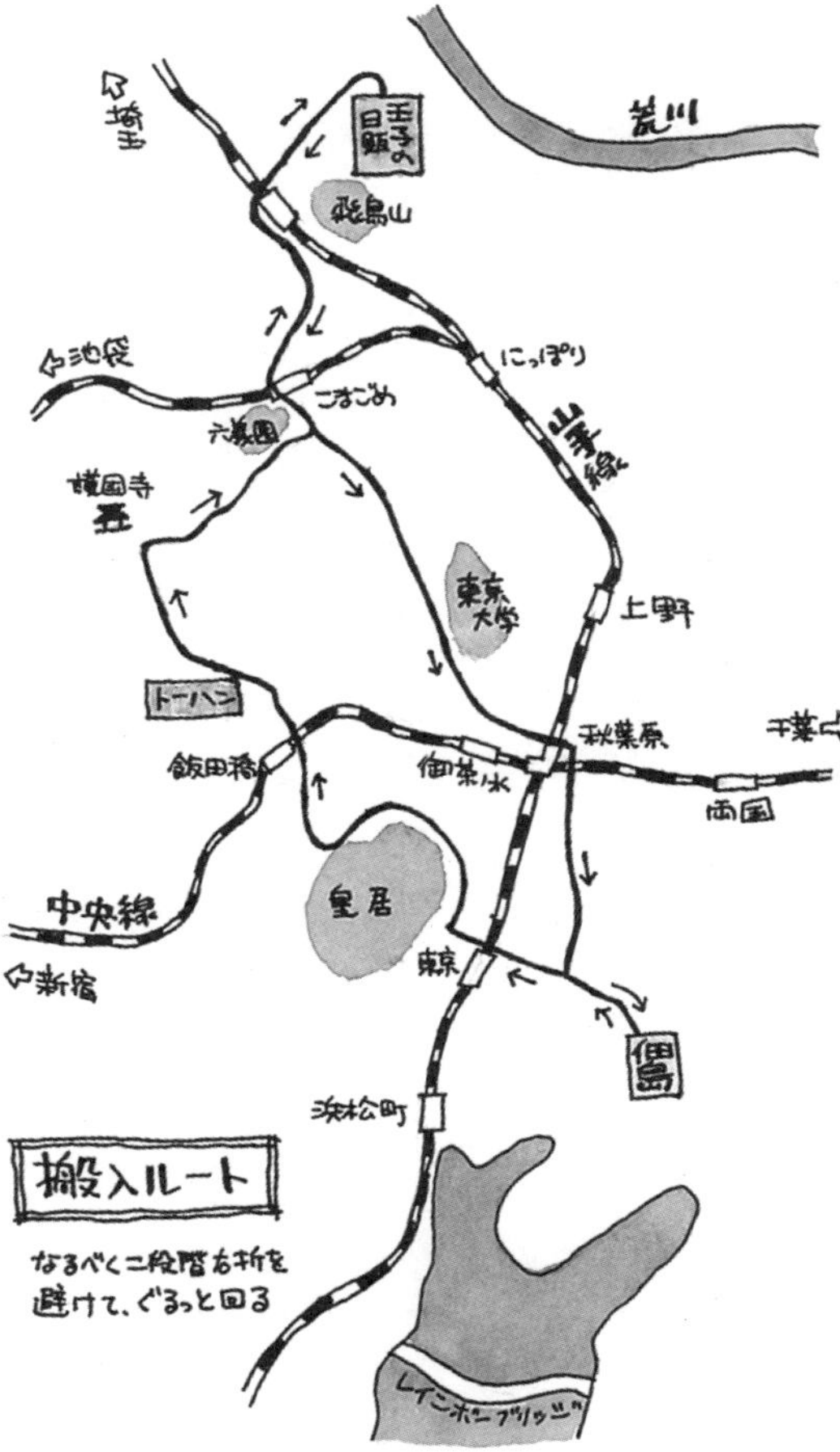
荒川
王子の日販
埼玉
飛鳥山
池袋
にっぽり
こまごめ
六義園
山手線
護国寺
東京大学
上野
トーハン
秋葉原
千葉
飯田橋
御茶ノ水
両国
中央線
皇居
東京
新宿
佃島
浜松町
搬入ルート
なるべく二段階右折を
避けて、ぐるっと回る
レインボーブリッジ

託のときと同じように、納品書も書く。

本と納品書を持ってまた建物の中へ戻ったはいいが、こっちに本の山、あっちに本がいっぱい入った箱が何個もあって、何が何やらさっぱりわからない。同じく納品に来ていると思われるおじさんたちが、忙しそうに動き回っている。

とりあえず、おじさんたちの真似をして、本を山の上に載せてみた。

「あっ、ダメですよ！　適当に置いちゃ！」

すぐに、横にいたお兄さんに怒られた。そのときはわからなかったんだけど、この受品口で働いているトーハンの人だった。

すみません、初めてでよくわからないのでと言い訳したら、どこに置くか教えてくれた。

お兄さんもおじさんたちも忙しそうで、なんとなく怖い。納品書にハンコをもらって、そそくさと後にした。まあ、だんだん慣れるだろう。

続いて日販へ。こちらはだんだん都心から離れる感じ。緑が美しい飛鳥山の横を通る。飛鳥山は上野公園や千鳥ヶ淵と並ぶ花見の名所なんだが、このときはもうすぐ紅葉だった。

再びいい気分になったんだが、その先は急にひなびた狭い道になった。地図で確認して来た（スープラにはナビなんか似合わない）んだけど、少々不安になる。どこかへの抜け道なのか、トラックも多い。この辺じゃなかろうかと思ったとたん、前を走っていたトラックが右ウィンカーを出した。大きな敷地に入るゲートだ、これが日販か。トラックが入ろうとしていたので気づいたけど、そうじゃなかったら通り過ぎてしまうところだった。

こちらは、警備員らしき人が何人かいて、ランプを上がって奥のほうへ停めろと教えてくれた。トーハンと同様、適当に置いちゃダメだと思われたので、最初にきいてから置く。


本の注文には、おみくじこと注文短冊の他にもまだあった。電話である。もちろんファックスでも来る。取次を経由しないで、本屋さんから直接来るのである。

いい気分で初の納品から帰って数日後、初めての電話注文が鳴った。そうとは知らず、あまり緊張もせずに出ると、

「〇〇書店ですが、注文お願いします！」

と、すごい早口で言われた。

「あ、あ、ありがとうございます」

あたふたしながらメモを取る用意。

「『情報処理能力活用検定』を一冊、お願いします！　在庫ございますか？」

あ、あ、あるに決まってる。

「では、トーハンさんで！」

は、はい。（トーハンさんでって、何だろう？）

「番線申し上げます！」

は？　ばん……？

よくわからないが、とにかく相手の言うとおり、数字とアルファベットを書き取っておいた。何々、S、何々。

Sといえば、確かにトーハンの受品口にSの箱があった。なるほど、そういうことか。本屋さんはどこかの取次と取引をしていて、その取次独自で割り振られた店舗コードのようなものを持っている。それが番線だ。だから、注文をとるとき、取次名と番線（店名も）をちゃんと教わらないと、納品のしようがない。

推理を働かせながら、この栄えある第一号電話注文のために短冊を作ることにする。が、取次から受け取ったものは、全部本に挟んで納品してしまった。手元に一枚もないので、どんなんだったか思い出せない。しょうがないので、もともと本に挟まってる「注文カード&売上票」スリップを真似て作る。

こうして、電話で受けた注文やおみくじの分を何回か納品した。

建設業とサービス業の経験しかないと、商品を運んだり納品したりするのは、すごく新鮮だ。机の前で書類なんか作っているより、断然楽しい。働いているという実感がわく。八百屋や消防士や漁師みたいな、小学校の社会科で習った「働く人々」をしている感じだ。いい年こいて、今さら働くおじさんも何もないけど、なんかワクワクしてくるのである。

サラリーマン時代は、自分のところも相手も大きな会社だった。個人事業主だった頃も会社を作った後も、いつも取引相手は企業だった。で、相手とすることといえば、プレゼンとか打ち合わせとか。

ところが商品を自分で運ぶなんてのは、なんとなく自営業っぽくて、雰囲気が全然違う。たったの数冊納品してるだけなんだが、めちゃくちゃ幸せを感じる。

二回目の納品の日だったか、気分よく車を走らせていてあることに気づいた。東京都内には、実に出版関係の車が多いのだ。

何とか出版社のバンとか、何々図書印刷の軽とか。取次のロケーションのせいで、同じような道に集中しているのかもしれない。トーハンのトラックも日販のトラックもいる。本の何とかと横に書いたトラックもいる。

と思って走ってたら、なんと隣にいるのは文藝春秋のトラックだった。

「おうっ、仲間じゃないか！」

嬉しくなって、ついて行きそうになる。交差点で別れるとき、

「そっちも頑張れよ」

なんて、思わずつぶやいてしまった。（大きなお世話である）

紙を積んでいるトラックも多い。ああ、うちの本の紙もこうして運ばれてたんだなと思う。東京中に仲間が溢れているような気になる。

本当は、ただの運送屋だ。あっちは仲間だなんてこれっぽっちも思ってない。（ついでに言うと、紙だと思ったのは、紙は紙でも土建屋が使う壁紙だったりした。トホホ）

悲しい返本の山

ちょろちょろと注文が入って、めちゃくちゃいい気になっていた。たまに事務所を抜け出してドライブに行けるというのも、最高だ。が、幸せでいられたのはそこまで。

委託納品の日の三週間後、日販のおじさんがやってきた。二十冊の束を三つくらい置いてった。何かと思ったら、返品だという。

「ええっ、こんなに！」

と驚いているのもつかの間、その二日後にはトーハンのおじさんも来て、同じようにどさっと置いていった。たちまち汚い束の山になる。

待てよ、取引申込をしていたときの会社訪問。あれは、返品をちゃんと受け取れるかという確認だったのかも。同じ在庫でも、私が考えていたのは製本されたばかりのきれいな本。それらはどんどん売れてどんどん減ってくと思っていた。そうじゃなくて、このどっさり返された汚い束の置き場所のことだったんだ。

そう気づいたんだが、もう遅い。返品の受取場所は、松ちゃんとこの出張所じゃなくて、この佃島の狭っ苦しい事務所にしてしまっている。ゲッ。

　このとき、返品の恐怖をちゃんと理解していたとは言いがたい。

　配本した本がいっぱい返ってくるというのは、取次への売上（払ってもらう予定の金額なので、正確には売掛金）がどんどん減るってことだ。どのくらい返ってきたかというのもちゃんと計算されて、あまり多いと返品率が高いってことになる。売掛残高はともかく、返品率には出版社も取次も非常に敏感だ。一種の成績表みたいに、出版社について回る。成績が悪いと、契約を見直されて条件が悪くなるってこともある。

　が、当時はそんなこと知らない。知らないというより、収支を考えるという経営者なら当たり前の頭にもなっていなかった。事務所に汚らしい束がいっぱいあることが嫌だっただけ。

　ところが、次の週も、そのまた次の週も、同じようにおじさんたちが来て、毎回山のように置いていく。あっという間に、事務所の一角が汚い束で埋もれた。

　それまでは、委託期間は六ヶ月と聞いて、六ヶ月後に売れ残りを精算することだと思っていた。私が想像していたのは、六ヶ月間書店で本を並べて売ってもらい、委託期間が終了したときに売れ残った数冊ないし数十冊が返ってくるという感じ。そんなに返品があるなんてことも知らなかったし、すぐに返ってくるなんて思ってもみなかった。

　つまり実際は、売れ残った分を清算するのではないのだ。清算するのは、返ってこなかった分（売れた分）。売れない分はどんどん返ってきて、売れなくなかった残りを清算するのである。

(ややこしい)

しかし、ちょっと待てよ。このペースで返ってきたら、六ヶ月後も何もないんじゃないか。いい気になっていたのが、いっぺんに逆転した。

全部返ってくるかもしれない。もしかして、注文納品した分も返ってくるんじゃないか。一冊も売れなかったらどうしよう。

三千部刷って、DTPと印刷で百二十万円も使っている。その上、取次にも返品手数料を払わなければならない。第一、取次には年間十冊出すと言ったけど、こんなことを続けたら会社の資金はそのうち底をついてしまう。

松ちゃんの事務所に行って、探りを入れた。

「なんか、すごく返ってくるんだけど平気かなあ?(あんたの話、本当かい?)」

「まだ一冊目だから、あまり売れないかもしれないけどね」

「一冊目が売れないってどういうこと?」

「最初はしょうがないんだよ。アニカなんていう出版社は聞いたことないって、本屋の客に思われちゃうから。けど、今後はシリーズになるんだから、大丈夫。認知度が上がれば売れるようになるって」

松ちゃんは、例によってポンポン前向きなことを言う。まったく心配ないってな笑顔で言われると、こっちも気が楽になってくる。

そのときはちょっと気が紛れたんだが、事務所に帰って返本の山を見ると、やっぱり滅入る。さすがに、能天気な私も落ち込んだ。このままじゃダメだ。

作ってしまった本はしょうがないとしても、ちょっとは出版業について勉強したほうがいいんじゃないか。

なにしろ、本は好きでよく読むけど、業界についての知識はゼロだ。有名な出版社の名前を五個くらい言えるかどうか。業界全体の売上も知らない。

日経新聞に、いろんな業界の状況と予測が出る。当時は、土砂降りや曇りが多くて、ほとんどの業界がバブル崩壊から這い出せないでいた。けど出版業がどうなのか、まったく記憶にない。そもそも、その日経予報に出版業界があったかさえ、思い出せない。

おいおい待てよ。権利に惹かれて始めちゃったけど、大丈夫なのかな。

よく考えてみれば、業界全体がどうであろうと関係ない。その前に、商売の特徴も知らないのはとんでもない話だ。


ここでようやく、出版に関する本を読み始めることにする。インターネットでも調べ始める。

まずは、八重洲のブックセンターに行く。佃島から近い大きな書店となるとここだし、私は土建屋出身なので親近感がわく（ただし、あの二宮金次郎はやめてもらいたい）のだ。で、「○○業界早分かり」みたいな本を探す。

「ええと……、建設業界、知ってます。アパレル業界、興味ない。銀行業界、高杉良で勉強しました。医薬品業界、これは買って読んでみよう……」

ところが、業界シリーズに出版業界がない。

別の棚を探してもない。あるのは「編集者になるには」のような、なんというか就職案内みたいな本ばかり。またしても秘密主義か。

しょうがないので図書館に行ってみた。うちから歩いて数分のところにあるので、書店めぐりをするより楽なのである。

なんと、図書・書誌学というジャンルがあって、出版社や古本屋や著作権や自費出版などに関する本が、いっぱい並んでいる。記憶にあるタイトルの本もあったけど、それまで本に関する本だと認識して読んだことがなかったので、ビックリした。

とりあえず、業界ルポルタージュや、大手出版社の歴史などから読み始める。

インターネットでも、手当たり次第に業界人のホームページを読んだ。編集者や出版社のOB、作家やライター。

実は今、書店の経営者や店員さんがブログなどに書いていることが、非常に役に立っている。すごく勉強になるんだが、当時は書店まで気が回らなかった。

それでも、返品というのは奥の深い問題だということがわかってきた。芋づる式に業界のいろいろもわかってきた。

なんだ、問題だらけじゃないか。いや、問題じゃないかと批判する気は私にはさらさらないんだけど、みんな、問題だ問題だと言っている。本は売れない売れないと言っている。勘弁してほしい。

おまけに、業界を知らないのはいかんと思って始めた勉強だったが、知ったからってすぐに役立つ情報はない。

くだらない本をたくさん発刊しすぎる版元。新刊が多すぎて、取次から来る箱を開けもせずに返す書店。そうだったんだ、そりゃ問題だ。けど、そんなことわかったって、じゃあ私はどうすればいいのか、簡単にはわからない。再販制度が元凶とか流通の膿とかなんとか言ったって、へえってなもんだ。そんなことわかったって、すでに出してしまった『J検』の返品が減るもんじゃない。

が、ひとつだけ、その時点でとても役に立ちそうな教えがあった。経営が苦しい出版社は、資金繰りのために自転車操業に陥ってしまうということ。

本当は、出版業を営んでいてどう自転車操業になるのか、当時はよくわからなかった。著者や印刷会社へ支払う資金を作るために新刊をぶち込む（＝作って取次に卸す）と、自転車操業に陥ると書いてある。返本で売掛残高が減ってしまうので、新刊を入れて委託の売上を立てて残高をキープし、取次からの支払いを確保するということだ。当時はそんなからくりはさっぱりわからなかったけど、とにかく「どんどん新刊を作ってはいけない」らしい。

会社はずっとサービス業だったので、倒産しないように操業を続けるも何もなかったのだ。ただ、小さい町工場みたいな話なら想像できて、それはよろしくないということは理解できる。

厳密には、走っている限り潰れないんであれば、走り続ければいいのかもしれない。そのうちよくなるかもしれないし。けど、あれだけ本が返ってきちゃうと、走り続けるどころか走り出すだけでいけないような気がする。今のところは一歩踏み出しただけで、走り出してはいない。

それに、うちは出版を始めるために作った会社じゃないので、他の事業の足を引っ張るわけにはいかない。他の事業なんていうとカッコいいが、要は出版みたいに最近始めた事業なんかのために、路頭に迷いたくない。

幸い松ちゃんも、彼の本の原稿ができたとは一向に言ってこない。ここはじっと我慢の子でいることにする。


しばらく返品の束も一緒についてくる伝票も放っておいたが、山の大きさにさすがにいかんと思うようになった。

トーハンからの束は、二十冊くらいを重ねてその両端にペラペラの紙をつけて、プラスチックの帯で結わえてある。帯というのは、家電屋でダンボール箱の周りに巻いて、手提げ用の取っ手をつけてくれる一センチ幅くらいのあれだ。日販からの束は、ビニール紐で結わえてある。

どうすればいいのかわからないが、とりあえずおじさんが一緒に持ってきた伝票だけ、別にしてとっておくことにした。品物を扱った経験がなくて、伝票とか納品書とかにどうも馴染みが薄い。重要な書類という認識はなかったものの、なんとなく必要かもしれないと思ってとっておく。で、汚いペラペラの紙のついた返品の束がどさっとあると見た目にも汚らしいので、片付けることにする。もとから汚かったんじゃなくて、トラックで運ぶ間に汚れたのかもしれないが、どのみち汚い。

ほどいてみると、両端のペラペラの紙だけじゃなくて、本自体も汚れている。紐の痕がぎゅっとついてたり、カバーが切れてたり、ベロベロになってたり。驚いた。

普通、返品ってきれいな物しかできないんじゃないのか。そのままもう一度出荷できる状態のときだけ返品できるんじゃないのか。あまり通信販売で物を買わないのでよくわからないが、包みを開けたらダメだったような気がする。が、使用後も返品可なんていう謳い文句を見た記憶も、なきにしもあらず。ただ、そういうのは怪しい化粧品だけかと思っていた。

しかし、どの束も汚いことを考えると、出版業界の返品はそういうものらしい。

怒ってもしょうがない。どうしよう。その頃ちょうど、小さな出版社を経営していた人の本を（勉強のために）読んでいた。すると、「一家総出で返本にグラインドをかけた」と書いてある。

おうっ、これか。グラインドは研ぐという意味だから、ブックオフのレジの奥でガーガーやってるあれに違いない。しかし想像するだけであの機械は高そうで、メーカーを探して見積りを取る気にもならない。

どうしようかと思ったが、試しに消しゴムで擦ってみる。黒っぽい汚れは取れる。よし、あんな機械を買わなくても、消しゴムでよかろう。一所懸命、周りをきれいにする。ちなみに本の周りの横は小口、上は天とか、細かく名前がある。どこで付いたのか知らないが、たまに小口に赤い線が付いていている。斜めにさっと一筋。マジックじゃない。色鉛筆でもない。だから書店さんが付けたというより、流通過程でどうにかして付いたと思われる。悲しいことに、これは消しゴムでは消えない。

修復不可能な本体は捨てることにして、大丈夫なものを取っておく。破れたカバーは捨てて、大丈夫なものを取っておく。落書きされた注文スリップは捨てて、大丈夫なものを取っておく。大きさの違う六つの山ができた。問題ありのカバーとスリップを、次回の燃えるゴミで捨てることにする。問題ありの本体は、まあ後で考えよう。

大丈夫の三つの山(本体山とカバー山とスリップ山)からひとつずつ取って合体させて、キレイ組を作る。これを、次回からの注文納品にあてることにする。

ちなみに、書籍メインの印刷会社はカバーとかオビの予備を刷ってくれるが、そのときはそんなこと知らない。

とりあえず、事務所の一角を占めていた汚らしい束をすべて捌いた。この作業を消しゴム作戦と呼ぶことにする。

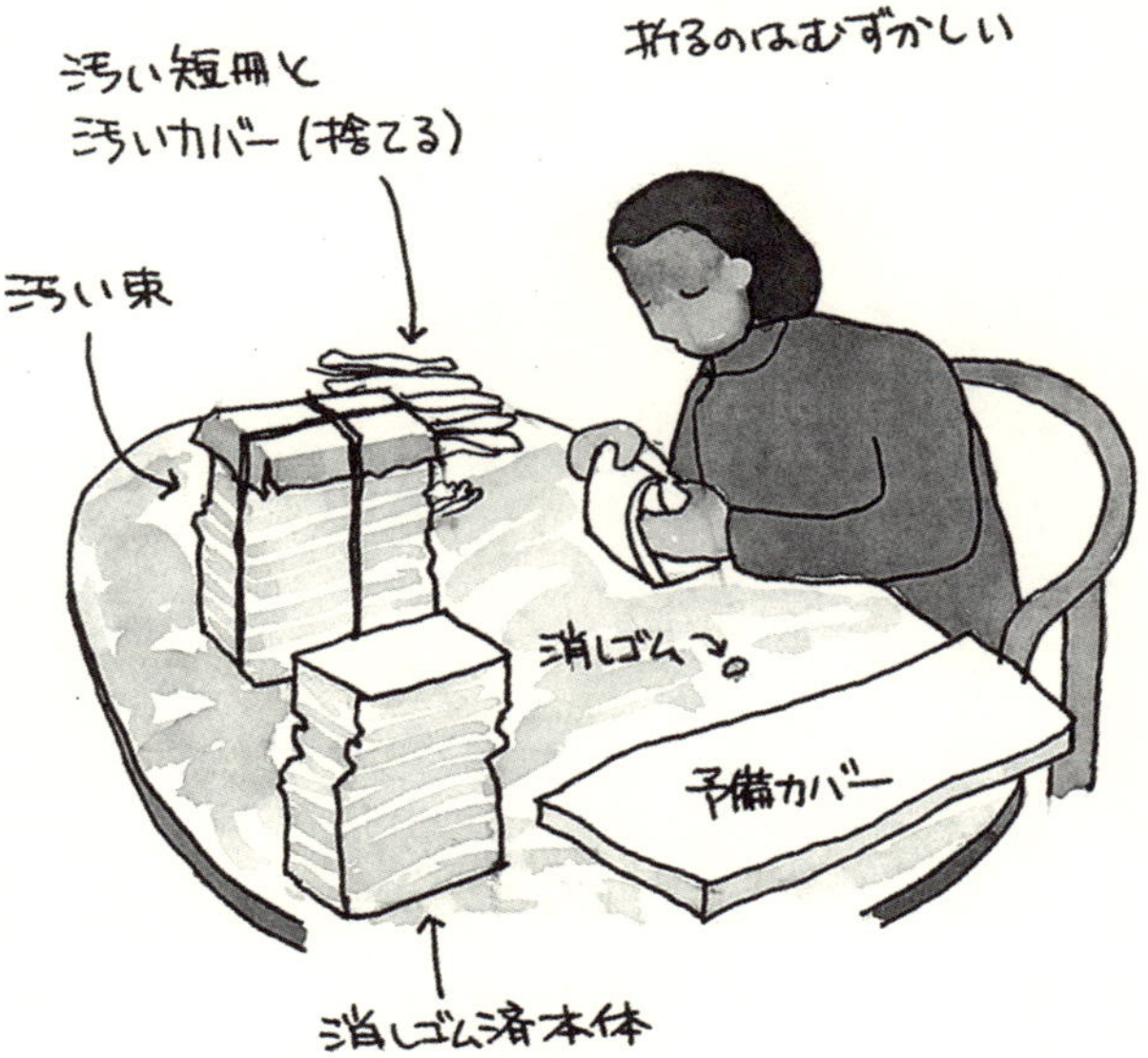
折るのはむずかしい
汚い短冊と
汚いカバー（捨てる）
汚い束
消しゴム
予備カバー
消しゴム済本体

ちょっとだけ気分がよくなった。要は、返本の山が目に入るのが、精神衛生上よくないのだ。後のことは後で考えよう。とにかく自転車操業を始めてはならない。どんなに返ってきたって、これまでに納品した分しか返ってこないんだから。

苦手な営業

業界の勉強をしていたら、編集と営業は仲が悪いことが多いがそれではいけないと、どこかに書いてあった。売れないことを、編集は「もっと売れよ」と営業のせいにして、営業は「こんな本は売れない」と編集のせいにするらしい。それではダメで、もっと社内で意見を聞き合いなさいというアドバイスだった。

うちでは、出版は私ひとりでやってる。だから部署間の対立なんてない。が、規模がめちゃくちゃ小さいだけで、編集も営業も必要な業務ではあるはずだ。

うーん、営業が嫌いなのである。当然のことながら、嫌いだから下手でもある。

不特定多数の人に物を売った経験が、今までの人生で一度もない。特定の人に営業をしたこともない。営業職を選ばなかったということもあるけど、特に必要もなかった。紹介された新しい客にプレゼンをする程度で、新しい仕事を獲得してきた。営業抜きで、これまでは上手いこと生き延びてこられたのだ。

今回ばかりは、世の中そう甘くはなさそうだ。しょうがないので、本の営業ってのはどうするのか気にしながら、改めて出版本を読み返す。

まず宣伝。これも知らなかったことが多かった。

新聞の下のほうの広告スペースが、いつも本の宣伝に使われてるなんて、今まで気づかなかった。言われてみればそのとおりだ。一面から本の宣伝だ。雑誌とか、新刊とか、あと出版社ばっかり数社並んでるのもある。

世の中にはいろんな商売がある。出版なんて、売上ベースでは小規模産業らしい。なのに、新聞というマスコミの大媒体の一部を、ほぼ固定で「本」に使っているというのが驚きだ。

出版社向けに、別の広告料金があるのかと思った。たかだか一冊千円二千円の物を売るのに、そんな高い広告費をかけているはずがない。新聞の広告出稿料が高いことは知っている。きっと出版社向けにあのスペースは安くなってるに違いない。

うちの会社は出版を始める前からいろんな事業をしていたので、求人などの広告を出すこともたまにある。とりあえず、その関係でつき合いのある代理店にきいてみた。広告なんて、代理店とクライアントの力関係で値段が決まるらしい。だから、出版関係の代理店より、知ってる代理店に相談するほうがよかろうと考えたのだ。

ところが、その知ってる代理店のよく知ってる担当者は、書籍広告スペースについてはあまり知らないと言う。とりあえず各新聞社の料金表を持ってきた。別に安くないじゃないか。

とてもじゃないけど出す気になれなかったが、ちょっと調べてみた。すると、いろんなことがわかってきた。

あのスペースにはいつも似たような面子《メンツ》の出版社が並んでいて、出す会社はほぼ決まっているらしい。出していない会社もたくさんあるという。あんなに高かったら、うちみたいな新参でなくとも当たり前だと思う。

他には、本の広告は売れてきたときにもっと売るために出すことが多いらしい。評判になっていることを知らしめて、買ってみようと思わせるんだそうだ。増刷出来とか五万部突破とかいうのは、客を煽ってたわけだ。

しかしながら、これは出版業界に限った話ではなくてマーケティングの基礎で、私が知らなかっただけかもしれない。

もうひとつ驚いたことに、「うちはまだ生きてますよ」と世の中に知らせるため（だけ）に、広告を出すこともあるらしい。

こいつはビックリだ。倒産してないことを遠方の見知らぬ本屋さんに知らせるために、あの高い新聞広告を出すなんて。そんなバカがどの商売にいるのかと思った。(これも私が知らなかっただけかも)

とはいえ、約二万といわれている全国の書店にファックスを送ればいいんじゃないか。ファックスも結構なコストはかかるだろうけど、サイズは広告より大きい。

なんか、昔の尋ね人欄みたいじゃないか。父危篤、うちは生きてるって。でなければ死亡記事か。

出版業界の慣習だとしても、うちは死んでないどころかまだ生まれたばっかりだ。そんな「死亡してない」記事を出すなんて、まっぴら御免。

後からわかったんだが、新聞に本の広告が出ると、本屋さんだけじゃなくて読者も「この出版社は元気で、どんどん本を出している」と思ってくれるそうだ。（知らなかった。ただの読者だったとき、私はそんなこと気にしたことなかった）

前にその出版社から本を出した著者も、「この出版社はまだ生きていて、だから自分の本も売り続けてくれている」と思うらしい。さらに言えば出版社同士で、（最近広告出してるから）儲かってるらしいとか、（最近広告出してないから）危ないのかもしれないとか、無言のうちに近況伺いならぬ近況探りをしているという。新聞という公器を使った業界掲示板だ。

近況伺いは構わないが、いかんせん高い。おまけにただの資格本の宣伝だし、新聞広告のことは忘れることにする。ついでに、雑誌など他の紙媒体も大体同じだろうから無視する。

となると、いよいよ書店営業だ（といろんな本に書いてある）。書店に並んでない本は買ってもらえない。だから、どの出版社も社員に書店を回らせて営業するらしい。

これは宣伝よりも苦手だ。どのみち全国の二万店を私ひとりでは回り切れないと、自分で自分に言い訳をする。苦手な訪問営業は避けて、それより先にファックスを送ることにした。書店にファックスして本を宣伝するということも、読んだ本から仕入れた情報だ。

「書店のファックス番号のデータって、持ってる？」

さっそく松ちゃんの事務所へ行って尋ねると、やっぱりあるという。彼はとにかく営業関係に強いのだ。おまけに、同報で送れるように、ファックス機に書店の番号を全部打ち込んであるという。今後のことは後で考えるとして、とりあえず彼の事務所から一斉に送ってもらうことにした。

その場でパソコンを借りて、送信する原稿を作る。ごちゃごちゃ書いてあるより、タイトル・出版社・著者名・値段をハッキリ書いたほうがいいとどこかで読んだので、そうする。

あれこれ工夫していたら、松ちゃんが横から覗いてきた。

「注文を書き込むところは、短冊と同じスタイルにしたほうがいいよ。それから、取次はどこを使ってるか、ちゃんと書いとかなきゃダメだよ。じゃないと、どこかの自費出版かと思われるから」

ごちゃごちゃうるさいが、おっしゃる通りなので従う。

ファックス後一週間くらいの間に、いろんな書店から注文ファックスが戻ってきた。とりあえず、初めての営業としてはよしとしよう。

あとすべきことといえば、やっぱり書店訪問か。行きたくないのは山々なんだが、ちょっとだけ気になってたことがあった。

いろんな本に、書店員と仲よくなって企画中の本に関して意見を聞けと書いてある。毎日お客さんの相手をしているんだから、的確なアドバイスをくれるというのだ。

出版業界には誰も知り合いがいないので、何でもいいから教えてくれる人がいたら嬉しい。なおかつ本屋の店員さんであれば、すごくためになるような気がする。ぜひとも、仲のいい書店なるものを作りたいものだ。これはひとつ勇気を出して行ってみよう。

これまでに本やインターネットで仕入れた知識によると、アポイントはとらなくていいらしい。ただ行けってことか。本屋さんには、昼頃はサラリーマンやＯＬの客がいっぱいいる。三時過ぎは学生が多そうだ。夕方以降も忙しそうだ。よし、開店早々なら暇だろう。

そう思って行ったんだが、これが大きな間違いだった。本屋さんでは、取次から入荷した雑誌や本を棚に並べるという大きな仕事がある。これが朝なのだ。そんなことは、出版の本のどこにも書いてなかった。

思いっきり嫌な顔をされて、思いっきり邪険にされる。ただでさえ嫌なのに、これはきつい。もう出版なんてやめちまおうかと思うくらい凹んだ。

さすがに何ヶ所かに行くうちに、朝一《あさいち》はダメだということに気づいて午前中はやめた。それでもあまり話は聞いてもらえない。

「はあ、そうですか。(で?)」

一所懸命説明するんだが、じゃあ注文しますという話にならない。

と、ある書店で、今責任者がいないのでと断られた。ちょっと待てよ、注文するのは責任者の仕事か。そう思って、次の書店で責任者に会いたいと言ってみた。出てきた人に本の説明をする。

「じゃ、十冊で」

えっ! じゅ、十冊?

続いて行った書店でも、責任者の人をお願いする。話が早い。なんだ、そういうことか。考えてみれば、書店にとって注文するということは商品を仕入れることだ。権限のない人にいくら訴えたって無駄に決まってる。

けれども、話は早いけど、やっぱり注文はもらえないことのほうが多い。二週間くらい頑張ったが、この程度の注文数では私の日当も出ないと気づいた。

嫌になって、書店訪問はやめてしまった。


もう、『J検』は売れなくてもしょうがない。そもそも、パソコン関係にうとくない私でさえ初めて聞いたような資格なのである。人気がなくて当然だ。二冊目以降に期待しよう。

しばらくは、他の仕事の合間に納品ドライブや返本消しゴム作戦をして、のんびり過ごしていた。

すごく嫌そうな
店員さん
話を聞いて
くれそうなら
本を出そうと
思っている私

青天の霹靂

ある日、松ちゃんが普段と違う顔つきで、佃島のうちの事務所までやってきた。

「どうしたの？　こっちに来るなんて珍しいじゃん」

珍しいはずである。松ちゃんが持ってきたのは、とんでもない話だった。なんと、倒産するはずだった出版社が息を吹き返したので、やっぱりそっちで本を出すと言う。

「それは困るよ、あんな出版計画出しちゃったんだし。どうにかしてよ」

そう言っても、もう決まったとか何とか。

「うちも困るから、たくさんセミナーやってるんだったら、そのうちの二つくらい、うちから出してよ」

そう言っても、それはできないとか何とか。一見いつもの人の好い松ちゃんだが、よく見ると固い意思（拒否）が顔に表われている。

勘弁してくれ。

どうやら、その出版社がただ息を吹き返したんじゃなくて、裏で何らかの駆け引きがあったらしい。ただ、それまでに松ちゃんの本を何冊も出した出版社なのだから、彼も世話になってるんだろう。人が好いがために、そっちは断れなかったのかもしれない。

松ちゃんは押しが強い人間だとはよく知ってたが、逃げるときの押し、いや退きとでもいうのか、それも強かった。結局言いくるめられて、後には器だけバッチリの出版社が残された。勢いで取れてしまった取次口座。しかし、出版計画にずらりと並んでいた本は、うちからは出せない。

取次口座付きの会社は高く売れると、どこかで読んだ。ちなみに契約書には、社名や役員の変更、営業権の譲渡は速やかに報告しろと書かれている。報告しろってことは、売っちゃいかんという意味ではないのか。

でも、売ると報告したとたん、取次が取引をやめると言い出さないとも限らない。なにしろ一冊出しただけで、彼らがうちを取引先と認識してくれているとは思えない。体育会の、頼りになりそうだが筋は通しそうな顔が浮かぶ。いかにも、「それはないでしょう」とか言い出しそうだ。営業権を売っ払ったとたんに口座閉鎖では、売った相手からも訴えられてしまう。

どうしよう。お先まっ暗である。

返本の山を見て業界の勉強をしたから、大手取次口座の価値は再認識している。松ちゃんになかなか取れないと言われた頃は、ただ喜んでいただけだった。でも今では、手放したらめちゃくちゃもったいないという気がする。

エラそうに自慢して回った知り合いの顔も浮かぶ。なんだ、結局ダメだったのかと嘲笑されるところが目に浮かぶ。

それからしばらくの間は放心状態だった。が、数日たつと持ち前の能天気が出てくる。

いろんな本を出してみたいと、私自身つい二ヶ月前に思ったじゃないか。松ちゃんの本だろうと誰の本だろうと、金を出して作るのはうちだ。誰かに迷惑かけるわけじゃなし、本を作ればいいだけのことではなかろうか。

私は、基本的に本好きなのである。こういう事態になるまで出版の仕事をしたいと思ったことはなかったけど、読むことは大好きなのだ。

そうだよ、本好きならできるだろう。よし、やってやろうじゃん、出版社。

「小野田クン、どう思う?」

「いいんじゃない。やってみれば」

彼は出版の勉強なんかしてないから、依然として「何でも手を出してみる」感覚でいる。勉強をして「出版業は大変だ」とあちこちで読みまくった私も、基本的に「喉もと過ぎれば熱さを忘れる」性格。山のような返本や営業のつらさのことは、すっかり頭から消えている。

あの取次の仕入部で断られていた若者や一億用意していた長野の人にはちょっと申し訳ない気もするが、これも運だ。

そう考えたら、ちょっとワクワクしてきた。いい気なもんである。実はこの切り替えの早さは私の長所でもあり短所でもあるのだが、もちろんそのときはそんなこと気にしない。明日、じっくり本の企画でも考えてみよう。
これが本当の苦労の始まりだった。

第二章　何が何だかわからない

さて、何を出そう

翌日、さっそく机に向かってノートを広げた。アイデアを検討するときにはこうしろああしろという本は、山のように出ている。ある本には、思いついたことをただ書き連ねてみろと書いてある。大きな紙に書き出してマトリックスとやらを作れという本もあった。そういう本は基本的に流し読みなので、ちゃんと具体的な方法を覚えてない。そもそも本に書かれているアドバイスを真面目に実行することになるとは、思ってもみなかった。

とにかく頭に浮かんだことをメモしてみよう。いつも使っているボールペンでなく鉛筆なんかも出してみた。私って人間は、何事もカッコから入るのである。

………………。

何も浮かばない。こりゃダメだ。ちょっと考え方を変えてみよう。

「何か、出したいものはないか」

うーん、特にない。

「何か、読みたいものはないか」

うーん、今この場では（本屋に行かないと）わからない。

そもそも本なんて、本屋さんでぼうっとしながら棚を眺めて選ぶものだ。で、選んだ本を手にそのまま眺め続けているうちに、

「あ、そういえば、あれも読みたかったんだった」

と思い出し、棚を移動して探す。本を選ぶのって、あくまでも受身の態勢だ。お目当ての本が最初から決まってるときもあるけど、それだって新聞か何かで見るから読む気になる。何かについて調べたいときもあるけど、それだって、調べる必要があって本を探しにいくわけだ。普通は、棚に並んでいるタイトルが受動的に目に入って、その中から選ぶ。

何か読みたいものはないかと考えてみたけど、基本的に常に何か読んでいるので差しあたって飢餓感はない。食べ物だったら、

「最近、肉食べてないなあ。よし、今日は焼肉だ」

ということもあるけど、本ではそういうことはない。

そうだ、巷の編集者ってのはどうやって企画を生み出すのか、それを調べてみよう。そう思って、またしても八重洲のブックセンターに行く。業界本はなかったけど、「編集者になるには」系統の本は数冊あった記憶がある。それに図書館にも、有名な編集者（当時の私にとっては無名）のエッセイがいっぱいあった。それらの本を片っ端から読み始めた。

編集者というのは、常にいろんなことにアンテナを張り巡らせていなければならないらしい。机にへばりついているなとか、どんどん人に会えとか、いろいろ書いてある。

私は特にぼうっと生きているつもりはないけど、アンテナを張り巡らせるってほどじゃない。平均的な生き方だと思う。ちなみに知らない人に会うのは、どちらかというと苦手だ。

面白いことをみつけて家族や友人との会話のネタにすることはあっても、日記や備忘録の類はつけていない。今後の課題として張り巡らせることにするとしても、今の時点でアンテナに引っかかっているモノはない。

うーん、困った。編集者になりたい人向けの本には、すぐに役立つヒントはない。

困ったと同時に頭に来たのが、持ち込み企画の話である。

一般人向けに、企画を通してもらうための極意みたいな本が、いっぱいあるのである。企画書の書き方やら、編集者へのコンタクトの仕方やら、非常に具体的に指南している。断られた人の経験談もいっぱいある。ああ、私が編集者だったら、今すぐうちで出してあげるのに。

逆に、断る側の編集者の愚痴なんかも、インターネットに溢れている。持ち込み企画なんて見ている暇がないとか、いい企画だと思ったけど会議で頭の固い上司に却下されたとか。ああ、私が上司だったら、今すぐうちで出してあげるのに。

企画を通すも何も、こっちはなくて困っているのに、誰も企画なんか持ってこない。どんなにいい（ダメな）企画か知らないが、私にちょっと見せてくれないだろうか。

資格本を一冊出したばっかりの出版社なんかに企画が持ち込まれないのは、当然のことだった。著者としては有名な出版社から出したいだろうし、出版社も類書をいっぱい出しているほうが営業的にも有利だ。けれど、当時はそんなことは知らない。そんなに企画を通したいんだったら、企画を待ってるうちの存在に気づけよと思ってイライラした。

とはいえ、わざわざ広告を打って企画を募集するのもアホらしい。私は本当はゼロから物を作り出すことは得意なほうだと思ってたんだけど、浮かばないことにはしょうがない。悲しいけれど、他人の企画（もう出ている本）を参考にすることにする。

書店に行って棚という棚を観察した。それから図書館で、いつのベストセラーとその背景とか、売れる本はどうやって作るかといった本も借りて読んだ。

有名な人が書いた本のほうがいいらしい。が、有名な人は全然知らない。当時、芸能系にちょっとしたコネがあったけど、知ってるのは売れる前の半クロばかり。そうでなくても、タレント本みたいのは嫌だ。

小説などの文芸は、老舗でさえ売るのに苦労をしていて、うちみたいな出版社は手を出さないほうがいいらしい。それに、このジャンルは将来花開くかもしれない新人を発掘して育てるという長期戦が基本で、老舗出版社もその気で臨んでいるという。私には発掘する能力も体力もなさそうだし、すでに作家になっている先生も誰も知らない。

幸せになる本も金持ちになる本も、個人的に好きじゃない。読書好きとしては、いろんな本を読んで幸せな生き方を探るための底力をつけるならまだしも、ただ法則を読むなんてのはどうかと思う。金儲けもしかり。第一、そういう本は世の中に溢れている。わざわざ私が出す必要なんかない。

経済系の本を出したい気もするけど、範囲が広すぎて悩む。評論家や先生のような人を誰も知らないのは、他のジャンルと同じ。相場好きなので証券会社や商品先物会社には知り合いがいるけど、投資ジャンルの本は既にいっぱい出ている。それに、下手をすると「金持ちになるには」系統の本になりそうで嫌だ。

ダイエット本は売れるらしいけど、軽薄な気がする。第一、私自身は食べなきゃ痩せるだろと思っているので、ダイエットに思い入れが全然ない。

自分の会社の金だから出したい本が出せるんだけど、あまりにも選択範囲が広すぎる。何の縛りもないという状態が、逆に問題を生んでいるのである。

これ！　というのが思い浮かばない。お腹いっぱいのときに、「何でも好きなもの食べて」とずらりと食べ物を並べられたような感じなのだ。これもあれも構わないけど、インパクトに欠ける。食べようという気にならない。

本当は、企画なんていっても何もない状況からはそうそう生まれない。前に出した本とか、誰かが会いに来るとか何かきっかけがあって「あ、これ面白いかな？」と思い、いろいろ調べてみて「イケルかも」となる。

編集者の本には、たまに「これは！」と閃く企画があると書いてあった。持ち込まれる企画の中にもたまにドキッとするものがあって、そういう企画はやっぱり売れるらしい。そして、編集者としての代表作になっていく。

でも、選択肢があるから、中にドキッとする企画があるのだ。候補ゼロでは、「ドキッ」もないし「これは！」もない。

これまでの人生、本との関わりはあくまでも読者としてだった。突然作れと言われて（言われてないけど）心底困ってしまった。贅沢な悩みかもしれないけど、本人にとっては本当に困ったことだったのだ。

その頃小野田クンが、高齢者用の施設にコンピュータシステムを提案して納品するという仕事に取り掛かっていた。クライアント側には、コンピュータに詳しい人がいないらしい。入居者向けサービスの管理や経理やセキュリティーなど、打ち合わせのたびに、それぞれを使う予定の別のスタッフが顔を見せていた。ちょうど私もある介護ボランティア団体のホームページ作りに関わっていて、ある日、福祉業界の様々な職種の人が偶然うちの会社に集まるという事態になった。

私はリビングでの打ち合わせを終えて、ここ最近の懸案事項である出版企画のことを考えるために事務所の部屋に戻っていた。ふと気がつくと、悩んでいる私に構わず、総勢六人の福祉業界人が居残ったまま何やら盛り上がっている。聞いていると、

「役人上がりの施設長だから、運営ってものを全然わかってない」

「要領が悪いだけなのに、現場はやたらと忙しがっている」

「他の業種に就職できなかったバカが働いてるけど、一般常識がまるっきりない」

そうだそうだ、うちはこうだと、ギャーギャー文句をたれている。私との打ち合わせが終わってからだから、もうすぐ二時間。彼らの愚痴は延々と続いていたのか。

机から離れてリビングに行き、冗談で言ってみた。

「それ、本にしたら？」

「本？」

「うち、出版社になったんだよ」

「へえ、そうなの。でもダメだよね。こういう話は裏でしかできないもん」

「そうそう、いい人の世界だからさ。本人たちも洗脳されてて、ダメだってことに気づかないんだよ」

「だからますますダメになるんだよね」

本の話から離れて、また自分たちの会話に戻っていく。何やら、本音の話は福祉業界ではタブーのようだ。タブーを暴くといえば、硬派なルポルタージュの世界ではないか。俄然、興味がわいた。

「そういうことを表立って語る人がいないってこと？　本音を語っている本はないってこと？」

そうだと言う。よし、わかった。うちで本にするから、言いたい放題書いてくれ。みんなでタブーに切り込もうではないか。そう言うと、本になるということに魅力を感じたのか、みんな少しずつやる気を示し始めた。

決まり。悩んだ結果ダイエットの本を出すくらいなら、タブーでも何でもいいから巷にはない本のほうがいい。さっそく、とにかく書き始めてくれと頼んだ。ようやく企画地獄から抜け出せたと、ひと安心した。

手作り原稿

本というのは著者がきっちり書き上げるものだと、私はずっと思っていた。著者と編集者というのは、

「○○君、原稿ができたから取りに来たまえ」

「かしこまりました。本日夕刻に伺います」

とか、あるいは
「編集長、先日お渡しした原稿、いかがでしょうか?」

「うーん、主人公が何々するところの描写が甘いね。ちょっと書き直してみてくれる?」

なんて状況だろうと、勝手に想像していたのだ。なので、納品ドライブや返本消しゴム作戦、あとは出版以外の仕事をしながら、彼らのことはしばらく放ってあった。

が、いつまでたっても何も言ってこない。本業のほうが忙しいんだろうと思ったが、ひとり捕まえてどのくらい進んでいるか尋ねてみた。

なんと全然手をつけていないと言う。複数の人間に頼んであるのがいけないのかと思ったら、そうじゃないらしい。

「文章なんて書いたことないから」

おまけに、他の面々も似たような状況らしい。文章が書けない? おいおい、外国語で書けなんて言ってないじゃん。普段仕事でレポートとか書いてないの?

何でもいいから書いてくれれば添削するつもりでいた(素人のくせにエラそうな話である)。そりゃ、美しい日本語とか感動溢れるストーリーとか、そういうのは才能の世界だと思う。けど、盛り上がって話していたことを文字にしろと頼んだだけじゃないか。

後からわかったんだけど、普通に文章を書けない人って意外と多い。出版業をして初めて知った。小学校で作文を習ったはずなんだけど、当時嫌いだったせいで完全に忘れちゃったんだろうか。

ひとつのタイプとして、とても難しいことのように考えていて、書くことから徹底的に逃げる人がいる。例えば、ＰＴＡの広報係みたいなことからも、他のことならしますからとか何とか言って逃げちゃったりする。

もうひとつのタイプは、話すときとまるっきり同じように文章を書く人。文の途中で話が飛んでいるし、主語に対する述語になってなかったり、癖なのかいつも同じ接続詞だったり。

世の中には、ライター養成講座なんてものもあるらしい。そういう講座に通うと、どのレベルからどのレベルへ上達するんだろう。書けない人が書けるようになるのか。書ける人が、もっと高度な、読みやすくて読者を惹きつける文章力を身につけるのか。

当時は、そんなこと考える余裕はない。私自身の文章力への疑問は棚に上げといて、とにかく彼らに書いてもらうことが先。

試行錯誤の結果、インターネット上に掲示板を作って、各々好きな時間に書き込んでもらうことにした。面と向かって話し合っていたことを、ネットで続けてもらうという形式だ。項目なんかも気にしないで、思いついたまま書いてもらう。

最初のうちは、書き込みもぽつぽつだった。少したまった時点で、順序を入れ替えたり言い回しを変えたりして、座談会の記録みたいな原稿を作ってみた。それを見せたとたん、本になるイメージがわいたのか、書き込み速度がアップした。

が、そうしているうちに二ヶ月ほどたってしまった。このスローペースでは、取次に提出した出版計画には遠く及ばない。本作りの素人がいくらバタバタしたって、制作なんかちっとも進まないのである。

あとひと月くらいでどうにかなるだろう。取次に催促されないのをいいことに、まったくマイペースで進めていた。

ひとつには、他人に編集やその他の業務を頼むという感覚が一切なかったせいもある。話を聞いて文章を書き起こすライターの仕事なんか知らなかったし、企画そのものを取り扱う出版プロデューサーなんて人がいることも知らなかった。デザイン事務所の田村さんから聞いた編集プロダクションの話も、すっかり忘れていた。編集や校正など制作の一部を外注するなんて、思いもよらなかった。出版社の社員じゃないのに出版に関わっている人たちがどれほど多いか知ったのは、もっと後のことである。

もうひとつには、自転車操業に陥るなという教えが頭にこびりついていたこと。実際問題として、作らなければ資金は流出しない。どんなに原稿が遅かろうと書き直しを繰り返そうと、収入に直結しない時間が過ぎていくだけで、金は出ていかない。金が出ていかないと、あまり緊張感は生まれない。ますますマイペースになる。

そろそろ原稿も完成に近づいてきた。タイトルは、ずばり『福祉の仮面』。優しいイメージの裏に隠れた業界の実態をさらす本（のつもり）。複数の業界人の共同ペンネームとして、「中澤鉛筆著」とした。

またDTPを頼むつもりで、田村さんのところに遊びにいった。ところが彼もデザイナーも、めちゃくちゃ忙しそうにしている。田村さんのデザイン事務所は、規模は小さいけれどデザイナーが優秀なので、ときどき大きな仕事を受注するのだ。

「DTP？　そうだなあ、今立て込んでるしなあ。あのさ、自分でやってみたら？　簡単だよ」

彼に言わせると、パソコンに関することはなんでも簡単になってしまう。彼は、BASICだか何だかの頃からコンピュータを知っていた、超オタクなのである。

そもそもかわいがってもらうようになったのは、私がほんのちょっとコンピュータを使えたおかげだった。彼と知り合った当時はまだワープロ機械が主流の頃で、パソコンソフトについての彼の話についていけるだけで子分にしてくれたのだ。

以後、「こんなこともできる、あんなこともできる」と言っては、いろんなソフトを教えてくれた。アドビ社のイラストレーターだって、バージョン2くらいの頃から彼に手ほどきを受けていた。フォトショップなどの画像処理ソフトもしかり。田村さんはプロとしてデザイン事務所を起こし、私は趣味レベルに留まって、自宅で絵を描いて遊んでいたわけである。

「『J検』の本のデータを全部あげるから、参考にしながら自分でやってごらんよ。本当に簡単だから」

田村さんの「本当に簡単」はまったく信用できないが、忙しくて頼めないならしょうがない。かといって、他のDTP会社は知らない。いくつか探して見積りをとるという方法もあるけど、面倒だし、知らない会社だとぼられそうで怖い。

事務所に帰って、もらってきた『J検』のデータが入ったCDを開いてみる。カバーとスリップのファイルと、本文のファイルに分かれている。カバーとスリップはイラストレーター、本文はクウォークという書籍編集ソフトのファイルだ。ソフトは両方とも、田村さんの口車に乗って結構前に手に入れてある。

私だけじゃないと思うけど、パソコンに初期の頃から接している人は、大概のソフトなら結構すぐに使えるようになる。昔は、どのソフトもみんな単純だった。だんだん機能が上がって複雑になってきただけ。だから、メニューを見ればだいたい何ができるのか想像がつく。

あちこちクウォークのメニューをいじっているうちに、なんとなくわかってきた。さっそく、『J検』のデータの見よう見まねで『福祉の仮面』のデータを作り始めることにする。

最初に、本文のページ全体のレイアウトを決める。今度の本は読み物なので、大きさを変えたい。書店で売っている単行本がみんな似たような大きさなので調べてみると、四六判というらしい。よし、その四六判とやらにしよう。上下左右のマージン（余白）やノンブル（ページの数字）の位置は、適当にそのへんの本を測って決める。

掲示板の書き込みをいじって作った原稿のテキストを、順に流し込んでいく。意外と簡単だ。

できてしまった。もちろん、『Ｊ検』のようにビジュアル的に複雑なものではない。本文にせいぜい小見出しがついている程度。文字間の詰めとか、プロレベルの問題はいろいろありそうだったけど、今回は無視する。今後の課題、というか元来大雑把な性格なのである。

プリントアウトして、誤字脱字をチェックする。一冊目の『Ｊ検』のときには、青焼きを二回も出してもらって余計な金がかかった。今回は念を入れたい。複数の人間で見たほうが間違いもみつかるだろうと思って、小野田クンにも声をかける。

「ちょっと、校正手伝ってくれない？」

校正なんて専門用語を使うと、いっぱしの編集者のようで気分がいい。間違いを直して目次を作って、完成。なんだ、やればできるじゃないか。

できたけど何か不具合があると怖いので、田村さんにデータのチェックをお願いする。おかしなところはほとんどなくて、よくやったと褒められた。さすがにカバーデザインまでは手が回らない。田村さんとこのデザイナーでちょっと時間が空いた人がいたので、彼女に作ってもらうことになった。今回は、印刷会社との折衝も自分でする。田村さんのところの出入り業者を紹介してもらった。

結局この本は、ＤＴＰを自分でしたからずいぶん安く上がった。製造原価は、印刷製本代の八十万円とカバーデザインの三万円、あと著者たちへの謝礼。欲しそうだけど口にしない人や、ちゃんと書いてないんだからいらないという人がいて、最終的には一人当たり一万円を払った。締めて八十九万円也。四千部刷ったから、一冊あたり二百三十円弱。へへへ、『J検』より進歩したじゃないか。

ところで私の印刷の知識は、田村さんの会社がしていることがすべてだった。説明を受けたわけじゃないけど、いつも遊びにいくと同じようなことをしている。マックを使って、写真をいじったりイラストの位置を調整したり文字を打ち込んだりしてデザインする。そのデータをフィルム屋さんに送って、フィルムに出力してもらう。そのフィルムを印刷所に渡して、紙に印刷してもらう。

出版の本を読んでいると、印刷所に行って校正したなんてことが書いてある。なぜ印刷所で変更ができるのか、しばらく疑問に思っていた。

ふと、土建屋時代の見積りを思い出した。細かいところまで理解していると、どこをどう節約できるかわかる。わからないと、ぼられやすい。他の業種でも同じだろう。

性格的に、ただ無理を言って値段だけ下げてもらうのには抵抗がある。こうすれば安くなるはずですよねと言って、交渉したい。

紙にもいろいろサイズがあるようだし、これは一度印刷の勉強をしたほうがいいんじゃないか。渋谷には、たばこと塩の博物館というのがある。王子の日販に行く途中に、消防博物館もある。

他にも、水の博物館とか地下鉄博物館とか、小学校の遠足以外の誰が行くんだろうと思うような博物館が、東京にはいっぱいある。多分あるだろうと思って調べたら、やっぱりあった。印刷博物館。

飯田橋のトーハンの近くにある、印刷業界大手の凸版印刷という会社にくっついていた。というか、凸版印刷のメセナ施設なのか。

古臭い機械を見学して、子どもに混じって活版印刷の真似事をした。活字を拾うとか、切ったり貼ったりして作った版下の世界が、ようやくなんとなくわかってきた。何がわかったかというと、よくわかんないということがわかっただけである。

でも私が知ってるＤＴＰとフィルムでも、問題はなかろう。あとは、今どきの印刷所を見学すれば、もっと詳しくなるだろう。わざわざお願いするのもなんだから、次の本を作るときに頼んでみよう。

業界の洗礼

『福祉の仮面』ができ上がって、一冊目と同じように取次に見本納品した。出版計画のことは何も言われない。ホッとする。

公式テキストを書き換えただけの『Ｊ検』と違って、自分の本という愛着がある。書店営業はもう勘弁だったが、頑張って宣伝しようという気にもなる。出版関連の本に、新聞や雑誌の書評に出るとどうのこうのと書いてあった。出たからといって、金を取られるわけではないらしい。これはいいと思って、あちこちにPRしてみた。

メディアに載るというところまでは行かなかったが、あちこちにばら撒いた甲斐があったのか、メールで直接注文が来た。他人に品物を売った経験がないので、めちゃくちゃ嬉しい。これは今でも変わらない。一冊の本が売れるといくら儲かるかというと、ほんの数百円だ。それを考えると情けないんだが、それでも儲け以上に喜んでしまう。

注文者は、ちょっと似た感じの本を出したという著者の人だった。ライターをしているらしい。初めての、業界人との接触である。

喜んで送ったんだが、ぼろくその感想が返ってきた。内容はともかく、読みづらいという。最近は長い文章は嫌われる、座談会出席者の誰が誰だかわかりづらい、云々。すべて私の編集段階の問題らしい。『J検』みたいにビジュアルに凝らなかったせいもあるかな。とにかく今後の課題にしますと、御礼のメールを送った。

すると、前向きに学ぶという姿勢がよろしい、みたいな返事が来た。出版社としての成長を見守ってくれる人ができたみたいで、嬉しくなった。プロのライターに認めてもらうには、もっと頑張らないと。

そうしているうちに、高齢者福祉業界の人たちが集まるセミナーに行って、会場で売ることになった。今となっては、講師の著書というわけでもないのによく了承してくれたと思う。確か売るブースの料金は二万円だった。開催者にとってはいい稼ぎだったのかもしれない。

スープラに本を積んで、小野田クンと著者の一人の三人で出かけていった。ただでセミナーを聴講して、休憩時間に本を売る。なんか遠足みたいで楽しい。

セミナーの講師の一人も買ってくれた。業界では有名な人らしい。おまけに、パラパラと中を見て、

「面白そうだね。僕が出してる雑誌で紹介してあげるよ」

と言ってくれた。自分は講演で地方に出かけるから、事務所の編集担当の女性にもう一冊送ってくれと言う。結局、この申し出は、うちにとって初めての書評欄登場になった。

セミナーが終わって集計してみる。二十冊くらい売れていた。取次を通さないので、定価販売。とはいえ、儲けは五千円にも満たない。それも、人件費は一切無視した話である。お祭り気分でトライした出店販売だったとはいえ、実際は割に合わない。

「さすがにあちこちのセミナー会場に行くわけにはいかないね」

「いいじゃん、勉強になったし」

ふと見ると、本をいっぱい並べているブースがある。おそるおそる声をかけてみた。

福祉業界のジャンルの本をメインに出している出版社だった。出張販売で全国を回っていると

いう。うちの本も扱ってもらうことになった。他にもそういう出版社があるといって、紹介もしてくれた。

翌週、その別の出版社に連絡を取って、本を持って勇んで出かけていった。対応してくれた女性は、扱うこと自体は問題ないという。そこへ横からおじさんが出てきて、社長だと紹介される。

「どれ、見せてごらん」

自信満々に本を出したんだが、こちらもぼろくそに言われる。

「福祉のジャンルはねえ、試験対策みたいな本しか売れないんだよ。そうじゃなければ、権威がある人の本じゃないと。カバーもダメだし、こんなタブーを扱った本もダメだな」

社長は言うだけ言うと、どこかへ行ってしまった。

セミナー会場で講師に面白い本だと褒められていたので、結構ムカついた。こっちはタブーだってわかって出してるんだ。なんだ、あのオヤジ。出版業界をダメにするといろんな本に書いてあった、頭の固い出版人か。

すると、最初に応対してくれた女性が、ニヤッとしてこう言った。

「社長はずっとこのジャンルの本を出し続けてますから、間違ったことは言わないですよ。私も後から理解できたこともあります」

そうだ、長い経験があるなら、言ってることは正しいだろう。何はともあれうちの本も扱ってくれるんだし、月謝も払わないのにいろいろ教えてくれたわけだ。ここはムカついてる場合じゃない。売れる売れないの傾向は、現実の話だ。真摯に受け止めないと。

ただし、タブーがダメというコメントには、やはり抵抗がある。せっかく出版社になったのに、右へ倣えじゃ面白くない。試験対策本も、もう勘弁だ。あの社長が考えるほど売れなくても、採算が合うようにすればいいいんじゃないか。

会社まで戻る間、ああでもないこうでもないと、考え続けた。すぐに結論が出るわけがない。そもそも私が出版社になったのは、志高くして念願かなったわけじゃない。取次口座の話自体が、向こうからやってきた。どういう出版をしていくかという根本的な問題に、急に答が出るわけがない。

取引の仕方や製作については少しずつわかってきたけど、なんとまあ学ぶことの多いことか。どのみちすぐにプロになれるわけでもないだろうから、じっくり取り組むしかない。そのうち、業界の知り合いも増えてくるだろう。

原付デビュー

「十冊くらい出して潰れるような出版社にならないでくださいね」

取引申込のとき、トーハンの体育会にそう言われた。提出した出版計画は無理でも、尾羽打ち枯らして早期撤退なんてことは、絶対避けなければならない。

とはいえ、資金は限られている。いつまでも他の事業に頼れるわけでもない。

売れれば大丈夫だろうけど、恐怖の返品がある。自転車操業に陥らないように手当たり次第に新刊を出すのはやめるとしても、口座をキープするためにはやっぱり本を出さなければならない。資金切れを先延ばしできれば、そのうちに売れる本を作れるようになるだろう。一冊あたりに金をかけないでなるべくいっぱい出して、早くなんとか回るようにしなければ。

『福祉の仮面』の製作代は、自分でDTPをした分、『J検』より安かった。となると、なるべく外注はよしたほうがいい。

当時、有名な人に原稿執筆を頼むと、印税の他にも金がかかるのだと思い込んでいた。仮に三千部売れたとして千円の本なら印税はたったの三十万円。もっと売れるのかもしれないけど、なんか本ってあんまり売れないとあちこちに書いてある。巷の著者たちが、たかだか三十万円でどんどん本を書くとは思えない。きっと、他にも執筆了承料とか時間拘束料とかを払うに違いない。そう思ってたのだ。

けど今回は複数の素人で作ったから、原稿料は微々たるもの。『J検』なんか自分で書いたから、ただである。

そうか、自分で原稿を作れば、印刷製本代以外に製造コストはかからない。そうすれば、仮に一冊も売れなくても、限られた資金であと何冊かは出せる。そう思ったら少し気が楽になった。

楽にはなったが、ちょっと待てよ。もう少しよく考えてみる。

私の車はスポーツカーだ。リッター五キロも走らないと思う。あの遠い王子の日販まで、往復三十キロはあるだろう。注文の納品に一回行くだけで、下手すると千円近くかかる計算だ。本の値段なんて二千円もしないのに、これでは大赤字じゃないか。ドライブなんていい気になってる場合じゃないぞ。

なんで大赤字かというと、持っていく冊数が少ないからである。一冊だけのことも結構ある。だって、ようやく二冊目を出したばかりで、それまでは一冊しか刊行してなかったのである。

大きい出版社や老舗だと、毎日どれかの既刊に注文があるだろう。一年前に出した本の注文と、三年前に出した本の注文と、十年前に出した本の注文という感じか。それぞれの本の売れ行きはスローでも、会社全体ではいっぱい注文があるだろう。

つまり、月に一回日本全国のどこかから取り寄せ注文がある本があれこれ百冊あれば、全部合わせて月に百冊の注文。仮に注文納品を週一回してる出版社なら、一回二十五冊になる。で、うちはようやく二冊だ。月に一回日本全国のどこかから取り寄せ注文があるとして、二冊。月に二冊。なんともトホホな状態。

昔は、本屋さんに注文して取り寄せる本がなかなか来ないと、よくムカついていた。今となっては、その理由はよくわかる。書店から取次に注文スリップが行くのにも、日にちがかかる。うちの場合、日販のおみくじ封筒は週に一回しか来ない。トーハンのおみくじ棚は、週に一回しか見にいかない。そして取次から書店へ本が届くのに、また数日。大きな書店から大きな出版社への注文は話が違うだろうけど、下手すると三週間かかることもありえる。

昔ムカついていた人間としては、なるべく早く納品してあげたい。とりあえずうちから取次まで持っていけば、あとはうち以外の問題である。

となると、納品する本が一冊しかないからといって、注文を溜め込んでおくわけにはいかない。その結果、一冊持って納品に行くことになる。

とりあえず、スープラをやめよう。けど電車で行くにしても、あの王子の日販は遠い。最寄りの王子駅からでさえ、歩ける距離じゃない。片道二百円の都バスに乗る。

ちなみにあの近辺は、言っちゃ悪いけどちょっと廃れた雰囲気で、いかにも場末といったスナックや、ちゃんとやっていけてるのかと思うようなテイラーや修理工場なんかがある。あとは公団か何かの団地。聞くところによると、王子の日販で働いているのは、この団地に住む主婦やフリーターが多いという。

王子駅行きのほとんどのバス停には、ひからびた爺さんやおしゃれとは言いがたいオバサンくらいしかいない。なのに、日販の近くのバス停にだけ、そのあたりに似合わないスーツ姿の人が並んでいる。日販を訪問するどこかの出版社の人たちだとにらんでいるんだが、みんな遠足から帰る小学生みたいな顔をしている。ちょっと疲れたけど来た甲斐があった、という感じ。

というわけで、電車を使っても、交通費はガソリン代と似たような金額になってしまう。第一、トーハンと日販の両方に行くとなると、一体何時間かかるのか。

会社に、小野田クンが使っている原付があった。スープラよりは燃費がよかろうと思ってきいてみる。

「原チャリって燃費いいの？」

「何言ってんの。あんな車より走るに決まってるじゃん。タンクだって五リットルくらい入るんじゃないの。一回ガソリン入れたら、王子まで四往復はできるよ。どんどん乗ってくれ」

すげえ、五リットルで四往復だって。前にカゴも付いている。後ろにも積めそうだ。よし、これからは原付にしよう。

さて、問題は、二輪に乗るのは初めてだということ。

「えっ、カブじゃないんだよ。ギアもないスクーターだよ」

そう言われたって、怖いものは怖い。結局、佃島の中でちょろちょろと練習すること数時間。原付ならではの車線選び（というか車線内の位置取り）に慣れるまでに、数週間かかった。今では、原チャリの鬼と呼ばれるほど上達した。

春や秋は気持ちがいい。車と違って渋滞にはまらないのもいい。けど、真夏は周りの車のエンジンでめちゃくちゃ暑いし、真冬はめちゃくちゃ寒い。根がライダーじゃないので防寒着がなくて、持ってる服を重ね着してごまかす。マフラーぐるぐる巻きとマスクのせいで、死に急いだ赤軍派みたいだと言われたこともある。

暑さ寒さは我慢するにしても、困るのは梅雨時だ。本は紙でできているから、絶対濡らせない。途中で雨なんてことになったら悲惨だ。その日だけ車を出すにしても、取次の受品口に屋根はないからやっぱり雨天は避けたい。週間天気予報を毎日にらんで、納品日を調整する。

書店さんから電話やファックスで直接注文を受けるとき、必ず納品日はいつかきかれる。答えてしまった日が雨になりそうだと、泣きたくなる。

一方、たまに取次の受品口が混んでいて、トラックがずらりと列を作っている日がある。そういうとき、順番待ちのトラックの横をすり抜けて（割り込んで）、さっさと納品できるのはすごく気持ちがいい。普段、雨や暑さ寒さを我慢してるんだから、そのくらいのずるはＯＫだと思っている。

資源ゴミ

ある日、『Ｊ検』の印刷会社から電話がかかってきた。

「在庫、どうします？」

ゲッ、すっかり忘れていた。パレット二枚分あるという。新刊として取次に配本してもらった本の残りだ。必要になるまで預かっていてもらうことになっていた。

『Ｊ検』は三千部刷ったんだが、その数字は適当に決めた。根拠も何もない。デザイン会社の田

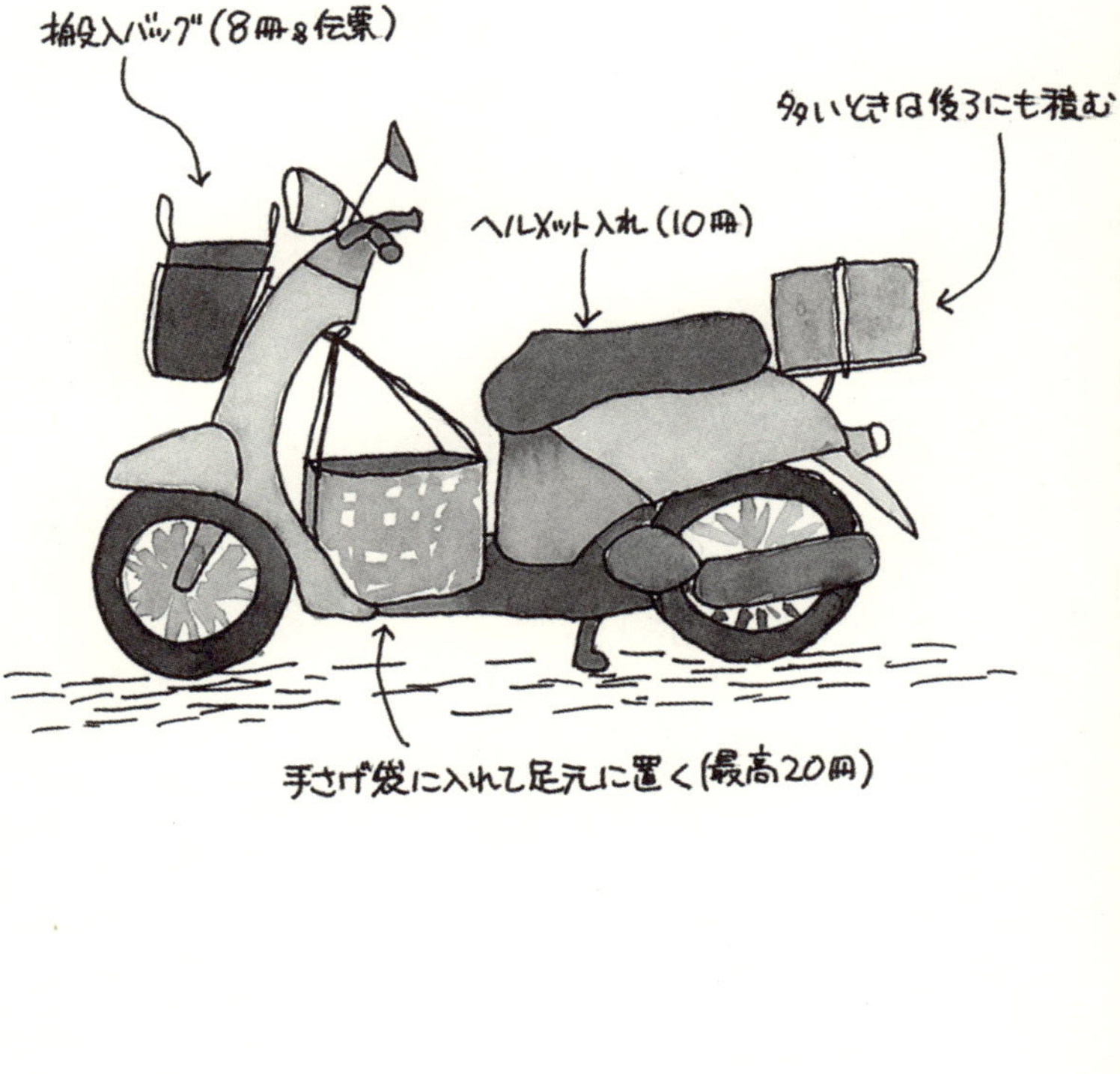

搬入バッグ(8冊&伝票)
多いときは後ろにも積む
ヘルメット入れ(10冊)
手さげ袋に入れて足元に置く(最高20冊)

村さんは、なんとなく本の刷り部数ってのはそのくらいと考えてたんじゃなかろうか。印刷所は、単価が高くなりすぎない部数ってのはそのくらいと考えてたんだと思う。

配本後の注文用に、数百部ずつ届けてもらうつもりでいた。が、配本した本があんなに返ってきて、届けてもらう必要なんか一度もなかった。うちにも、返品された本がパレット一枚分はゆうに積んである。計算違いもはなはだしい。

「まだ、いらないんだけど」

「あんまり長くなるなら、倉庫代をいただきたいんですよね」

ゲッ！　そんな出費は予定外なので、相手の言うとおり、処分してもらうことにする。処分にも金がかかって、印刷会社に一万円払うことになった。

その請求書を受け取ると、「断裁処分」と書かれている。電話をもらったときは何も知らなくて、倉庫から出して捨ててくれるんだと思っていた。が、捨てるんでも燃やすんでもなくて、切り刻むらしい。出版物はその中身に価値があるわけだから、価値が変なところに流出しないように、切り刻んでしまうのか。

精神的ダメージは、半端じゃなく大きかった。本になったのに、誰にも読まれずに切り刻まれて消えていく。せっかく生まれてきたのに誰にも愛されずに死んでいく子どものようで、めちゃくちゃ悲しい。それに、もったいないし恥ずかしくもある。

しばらくは気分が滅入った。

が、喉もと過ぎれば熱さは忘れる性格である。電話で頼んだだけで、実際処分しているところは見なかったのもよかったかもしれない。いや、よくはないんだけど、とにかくダメージからは、少しずつ立ち直った。

ところが二冊目の『福祉の仮面』も、やっぱり結構な数が返ってくる。トーハンと日販の返本おじさんが、毎週やってきて束を置いていく。こっちは、出版業が上手くいってないことを晒してるようで、すごく恥ずかしい。けれどもおじさんたちは慣れたものなのか、ただニコニコして置いていく。またしても、事務所に汚れた本の山を作り始めていた。

もう覚悟を決めて、というかやけっぱちで、新たに届けられた返本は見えないところに積み上げて放っておくことにした。委託配本の残り、つまり印刷所からうちに直接届けられたきれいな包みがまだある。どうせいつか捨てるなら、返本の汚い束を捨てればいい。注文の納品には、印刷所の紙に包まれたきれいな本から出そう。消しゴム作戦は、きれいなのがなくなってからでいい。

返本の汚い束を捨てる日は、意外とすぐにやってきた。見えるところまではみ出してきたのである。汚らしいし胃が痛いし、もうこれはさっさと処分したほうがよかろう。でないと、ただでさえ狭い事務所が汚い本で埋まってしまう。

『J検』だって、汚れた返本をせっかく消しゴム作戦でさばいたのに、それらもまだ残っている。

本ってこんなに売れないものなのか。

第一、ひとつ出したらまた次の本を出さなければならない。新刊を作ったら、その置き場所を確保する必要もある。

よし、もう処分することなんかにめげてはいられない。今後の課題にすればいいのだ。汚い束は捨てる。

そう決めたけど、どうしよう。悲しい経験からすると、本は断裁して処分するらしい。けど断裁の機械なんかないし、頼むと余計な金がかかる。

試しに一束だけ資源ゴミに出してみた。うちは普通のマンションだ。よその家庭から出る古新聞やダンボールの横に置いてみたが、同じ本二十冊の束はかなり目立つ。業者が回収に来るまで晒されているのは、作った商品が売れ残ったと宣伝しているようで恥ずかしい。おまけに、案の定持っていってもらえなかった。

しょうがないから区役所に電話してきいてみる。

「本の束なんですが、回収してもらえないでしょうか」

事業者から出る大量のゴミは、事業者自身が回収業者を雇うか、指定の場所まで持っていけと言う。雇うなんてとんでもない。指定の場所とやらに持っていくことにする。区内なので、そんなに遠くない。

コスト高で納品には使えないスープラに、汚い束をいっぱい積み込む。逆だったらどんなにい

東京都中央区京橋あたり
ビルのあいだに突如現れる
ゴミ収集施設

いだろう。納品が車にいっぱいで、捨てるのが一冊二冊だったら。

指定の場所に行くと、ゴミ回収の青い車が出入りしている。とりあえず近くに停めて、事務所の人に声をかけた。

「本の束を持ってきたんですが」

「どのくらいの束？」

「ひとつ二十冊くらいです」

「じゃあ、このシール買って貼って」

束の数だけシールを買うと、それだけかと驚かれた。係のおじさんは、どれどれと言って、外まで一緒に出てきてくれる。

「なんだ、これだけならシール貼ってゴミの日に出せばいいじゃない」

「いや、区役所に電話したら、業者を頼むかここへ持ってけと言われたので」

「そりゃ、もっと多いと思ったんだよ」

世の中の事業者ってのは、一体どんな量のゴミを出してるんだ。うちの廃棄量はめちゃくちゃ多いと思ったんだが、もしかして他の出版社が処分する量はもっと多いのか。（そもそも他の出版社は、いらない本は全部断裁で、資源ゴミなんかに出さないんだろうか）

最後に再度事務所に寄って、今後のためのシールを買った。シールなんか、近所のコンビニにも売っていると教わった。ずっと規模の小さなサービス業だったので、事業系ゴミはどうするかなんてことも知らなかったのである。

汚い束の山がなくなってスッキリしたが、ここでスッキリしてはダメだ。やっぱり、見えないところに置いておくのも、印刷所や製本所に預けるのも、今後はやめにしよう。自分の目で見て、毎日気が滅入って反省するほうがいい。

とにかく、ようやく学んだことは、『J検』も『福祉の仮面』も刷りすぎたということ。出版は始めたばかりでまだ素人なのに、三千部、四千部なんてどう考えても多すぎる。製造単価が上がったってしょうがない。悲しくなるのも、処分に時間と金をかけるのも、もうゴメンだ。足りなくなったらまた刷ればいい。ちょうど、憧れの二刷にもなる。

考えてみたら、会社の封筒なんかは千部でも注文できる。名刺なんか、百枚でも刷ってくれるところがある。印刷製本だって、小部数でも請けてくれる会社があるに違いない。本が売れないとみんなで言ってる時代なんだから、そこを狙ってる印刷会社だってあるはずだ。

出版経理の基礎コース

ある日、法人会からハガキが来た。毎年その時期に受け取る、決算説明会のハガキだ。珍しいものじゃない。

が、ハガキを手にしてなんとなく嫌な気分になる。歯の間に食べ物のカスが挟まったような感じ。机の周りをゆっくり見渡すと、返品伝票の束が目に入る。返本の山からむしりとって、適当に一緒にしておいた束だ。ゲッ、これどうしよう。やばい。

考えてみたら、返品伝票だけじゃなくて納品伝票もある。おまけに、出版は製造業だとどこかで読んだ。それまでのサービス業じゃ関係なかったけど、棚卸とかもしなきゃいけないような気がする。

会社の経理は、私が自分でしている。設立の頃ひまだったので、伝票くらい切れなきゃと思って経理の勉強を始めて、ずっとそのまま。

とてもノリやすい性格なので、どうせならと会計士の資格本から始め、税理士の資格本、簿記一級、二級と進んだ（後退した）。普通はだんだん上級に上がってくんだけど、私はだいたい逆。よく言えば志は高いが、挫折も早い。でも、最終的に簿記二級くらいはわかるようになって、そのままやってる。

ついでに『誰でもできる決算』とか『すぐわかる確定申告』みたいな本だけを頼りに、決算と申告と納税までひとりでする。税理士もいない。商業簿記だけの知識でも、サービス業ならなんとかなってたのだ。

で、困ったのは出版だ。それまでも本が売れたり返ってきたりしてたんだけど、よくわからないからずっと放ってあった。が、さすがに決算となると、なんとかしなければならない。

またしても、八重洲のブックセンターに本を探しにいく。が、出版業の経理の本は一冊もない。他の業種用の専門書とか、個人事業主レベルとか、当時流行っていたNPOの経理の本は山のようにある。が、出版業向けの経理本はない。またまた秘密主義か。

すごすごと会社に戻った。今回は図書館も役に立たない。

納品伝票をめくってみる。トーハンで買った取次各社共通仕様のものなので、トーハン分も日販分も一応日付順に書き込んである。

今考えると恐ろしい。私はほとんど捨て魔に近い。物をとっておくのが嫌い。おまけにサービス業では、品物にくっつける伝票なんてものには縁がなかった。大切な物だという認識がなくて、受品口の人に一枚取られて後は知らん振りだった。共通仕様の納品伝票が複写になっていたから、たまたま残っていたわけである。自分で作れと言われていたら、控えもとっておかなかったかも知れない。捨てようかと思った返品伝票をとっておいたのは、奇跡みたいなものだ。

とりあえず遡れる状態ではあるので、ホッとする。

ホッとしたついでに気を取り直し、『J検』の最初の委託納品の分の振替伝票を切ってみる。右（貸方科目）が売上、左（借方科目）は売掛かな。そうだとは思うけど不安。確認のために一般的な経理の本を引っ張り出す。見ると、委託販売には積送品とやらの聞いたことのない勘定科目が出てくる。取次が清算してくれるまで、積送品勘定に入れとくってことだろうか。

いかん。これはわからん。不明瞭なまま半年分の経理処理を進めてしまう気にはなれない。先に正しいやり方を学ぶべきだが、本がないとなると他人を頼るしかない。

当時入っていた社長の集まりみたいなメーリングリストに、出版の経理を教えてくれる人を紹介してほしいと投稿した。反応がない。代わりに税理士を紹介すると言われるが、それは嫌だ。税理士なんかに何万も払いたくない。どうせ、継続契約の話を出してくるに決まってる。そうじゃなくて、礼はするから実際携わってる人からささっと教わりたい。

インターネットで、「出版経理」で検索をかけてみた。経理の本を出している出版社ばかりヒットする。そうでなければ、経理職員を募集している出版社の求人情報。

検索結果を次々見ていくと、引退サラリーマンによる起業支援NPOみたいなところがあった。格安でベテランを派遣してアドバイスしてあげますよという、ありがたい組織のようだった。ところが、昔出版社にいたというおっさんは、編集のアドバイスしかできないという。経理のアドバイスなら、昔銀行にいたおっさんがいるという。出版経理じゃなくて、出版と経理のふたつの能力が別々の人でヒットしただけだったのである。

その元銀行マンがたまたま出版業に詳しいなんてことあるかなと思ってきいてみたが、案の定詳しくなかった。というか、伝票の切り方じゃなくて、経営的なアドバイスをしたいようだった。

出版社で経理をしてるおばさんでも、どこかにいないか。小さい出版社でくすぶってるお局みたいな人でいいから、二、三日うちに来て教えてくれないだろうか。そう思ったけど、業界に知り合いは誰もいない。

かといって、わざわざ求人広告を出すのも悔しい。雇いたいのではなくて、教わりたいだけなのである。第一、広告を出す金があったら、税理士を雇えば済むこと。

なぜか、編集とか校正とかＤＴＰの講習会は多い。専門学校まである。出版社に就職して経理をしたいという人は皆無だろうけど、こうまで編集に人気が偏ってるとは知らなかった。専門学校なんてどこも同じで、楽しそうな授業を並べて夢を持たせないとやっていけないに違いない。

困り果てていたが、出版専門のセミナー会社というか協会みたいなところで、「出版会計の基礎」というコースをやっとみつけた。受講料は一万円。この出費なら許せる。決算にも間に合う！　勇んで予約した。


当日は大船に乗った気で喜んで出かけた。

外階段を上ってビルに入ると、天井までの本棚でフロア中が埋め尽くされている。どこかの会社の内部みたいで、セミナーをするようなオープンな雰囲気がまったくない。入口の脇の机に女性が座ってるけど、受付という感じは全然しない。ムスッとしたおばさんだ。しょうがないので尋ねると、黙って奥のほうを指差す。本棚の隙間を抜けていくと、別の階段があった。

そのときは経理のことで頭がいっぱいで気にしなかったんだが、岩波アネックスというビルだった。神保町にあるから、あの岩波書店の関係のビルだと思う。別のセミナーで再び訪れるまで、古本屋か何かと思っていた。（しかし、あのおばさんは何をしている人なんだろう？）

三階の奥に普通の会議室があった。日本人の常で最前列が空いていたので、その真ん中に座る。講師の目の前だ。あわよくば知り合いになって、コース料金以上のことを教わろうという魂胆。始まるまで時間があったので周りを見渡すと、若い人が半分くらい。クリエイティブな雰囲気はない。経理担当だからか。残り半分は四、五十代の男性。法人会の決算説明会と同じで、毎年出ているのか。

当時は消費税の総額表示が決まった頃で、まず消費税の話から入る。三パーセントから五パーセントに増えたとき、出版社はずいぶん苦労したらしい。講師が言う。

「カバーにシールを貼ったりして、大変でしたよね。今回はそのときのことを踏まえて交渉してきた結果、スリップだけ総額表示するということになりました」

苦労した出版社には悪いけど、そうだったっけ。消費税が始まった頃や五パーセントに上がった頃、シールが付いていたかどうだったか、全然覚えてない。覚えてはいないが、なるほどと思って聞く。

それから、出版社は高額の飲み食いも交際費じゃなくて会合費や編集費で認められるという、おいしい話。著名な先生との打ち合わせを喫茶店で済ますわけにはいかないという主張が、認められているとのこと。他業種出身としては不公平に思えなくもないけど、これからはその恩恵に浴することができるので黙って聞く。

次に、常備寄託という形態の経理上の取り扱いについて。

常備寄託というのは、ある本を一定期間、本屋さんに預けて売ってもらうことだ。売れたらすぐ補充のために二冊目を納品するんだが、そのとき初めて売上になる。短冊にも数字が書いてあって、その期間中に何冊売れたか（回転したか）、わかるようになっている。一冊目は書店へ預けているだけで、売上にはならない。

ちなみに新刊を配本してもらうときは寄託でなくて委託で、一冊目からちゃんと売上になる。誰にも買われてなくて本屋さんの棚に並んでいても、出版社から見れば売れたことになる（返品の時点で売上から引く）んだが、それは後でわかったこと。

常備寄託は、出版社と書店の間で取り決めるらしい。大きい出版社だと日本中に常備の本があって、売上に相当な違いが出る。だからくれぐれも注意するようにというのが、講師の説明だった。

そういえば、常備と書いた注文スリップが来たことがある。もちろん、どこの本屋さんとも何の取り決めもしてない。常備なんて知らなかったし、頼み込む営業力もない。なのに来た。

ちなみに注文スリップには、補充とか客注とか図書館とか常備とか必備とか書いてあるが、体裁はみんな同じだ。必備ってのは何のことか、いまだにわからない。ちょっと調べてみたけど、「必ず備える」以外の意味はなさそうだ。書店で勝手にそう呼んでいるのか？

とにかく、注文が多いわけじゃないので、常備なんていうイレギュラーなスリップは、ちゃんと覚えている。

講師の説明で、常備寄託は回転させてくれる（売れたら補充してくれる）からありがたい話だとわかった。が、今さら一冊目は売上じゃなくて預け在庫だと言われても困る。この注意事項は無視することにする。

他には、返品調整引当金とやらの説明。これは、委託して売上に計上した本も返本される可能性があるので、その分を予測して今期の売上から引いておくというもの。来期の期首に洗い替えをする。ふんふん、なるほど。

あとは雑誌の話。関係ないので、配られた資料を読み返していた。

「これで、私の講義は終わらせていただきます。もうすぐ決算の方もいらっしゃるでしょうが、頑張ってください」

えっ、終わり？　出版経理の基礎コースっていうから来たのに、こんな専門的な話ばっかりで終わりかい。

「何かご質問は？」

質問したいのは山々だが、ここで手を上げるのは憚れる。尋ねることが多すぎる。質問内容も講師の話以前の問題で、非常に恥ずかしい。他の生徒がいなくなってから尋ねることにする。さっさと帰れよ。

ほとんどの人が席を立つのを待って、片付けをしている講師のそばに行く。

「あのう、納品のときの伝票って、右が売上で左は売掛でいいんですか？」

当然のことながら、あんた何者？　何きいてんの？　という顔をされる。この反応にも、いい加減慣れてきていた。出版業界の人たちは、業界には素人なんか存在しないと思っていると、つくづく感じる。

実は最近出版社になって云々と説明する。そんなことも知らないでなったのかと怒られそうなので、偶然取次口座が取れちゃったんだと強調しておく。

「あなた、もしかして取次から送られてくる計算書、確認してないの？　それ、いかんよ。自分とこの数字と合わせなきゃ」

「計算書のとおり入金されてるから、放ってあります」

講師はあっけにとられ、それからいろいろ説明してくれた。期中の伝票の書き方も教えてくれた。決算のとき必要な調整は、配った資料に書いてある。

だいたい見えてきた。

つまり、納品に行ったり返品を受け取ったりするたびにいちいち伝票を切る必要はない。一ヶ月分まとめて売上の増減（納品と返品）を計算して、その結果売掛金の残高はこれだけ変わる、という伝票を切ればよし。一ヶ月のうち納品のほうが多ければ売掛が増えて、返品のほうが多かったら売掛が減る。取次から入金されたときには、銀行預金が増えて売掛金が減る。当然といえば当然。

そして、取次から計算書が送られてきたら、自社の数字と突き合わせて、違っていたら取次に抗議する。

自分を税理士として雇いなさいよ、みたいなことに講師の話が変わってきたので、名刺をもらって礼を言って帰る。説明ありがとう。でも税理士はいらない。

よし、明日から伝票と計算書を出して格闘だ！

出版経理の始まり

翌日、さっそく机の上に返品伝票と納品伝票と計算書を並べて、経理処理に取り掛かる。半年分溜まっている。

納品伝票は四枚複写で、一枚目は納品のときに取次に渡す。大きな出版社だと、残り三枚があちこちの部署に行くのか知らないが、うちは一枚で充分。かといってちゃんと綴じられている紙をわざわざ捨てることもないので、そのままにしてある。

返品伝票は、当時はトーハンも日販もほぼ同じ大きさだった。これも複写になっていて、それ以外に、その日の返品に伝票が何枚あったか書いた紙がある。やたらと紙が多い。

複写の分をよく見ると、「起票→出版社控→取次」と書いてある。受領印を押した伝票を返本おじさんが持って帰るのに、また返送するのかと不思議だった。とりあえずそれはそれで別にして取っておいたが、返さなくても何も言ってこないので、今は捨ててしまってる。数字が合わなくて、この伝票の分ですよと説明するときに、必要になるのかもしれない。それにしたって、伝票には番号が付いているから、やっぱり無駄な紙じゃなかろうか。

とにかく経理処理用に、一枚ずつ日付順にファイルする。

あと、月に一回送られてくる計算書。委託や注文などの条件別に、前月の売掛残高と納品額と返品額と当月末の残高が書かれている。で、その結果、当月分の支払いはいくらですよということも計算されている。

この計算書には、返品運賃手数料の請求書もついている。日販の場合、その計算書の根拠になる、一日毎の納品返品の表もついている。とにかく紙が多いのである。

この計算書も、来た順にきちんとファイルしてこれからの作業に備える。トーハンは毎月一枚だが、日販はなぜか月二回締めていて、二枚来る。後日、月に二回支払ってもらえる出版社もあるのだと知った。

私の場合、何か始めるときビシッと環境が整っていると気持ちがいい。なので、まず納品返品を記録するためのソフトを作る。作ると言ってもたいしたことなくて、マイクロソフト社のアクセスというデータベース管理ソフトに、ちょろっとマクロ（簡単に作れるプログラムのようなもの）を組んだぐらい。

なので、作るのは簡単だった。が、なにしろ半年分も放ってあったから、入力が結構ある。キーパンチャーのおネエさんでも頼めばいいんだけど、返品伝票が多いのが恥ずかしいので、自分で入力する。

ちなみに、自分で使うソフトを作るときは結構手抜きをするので、その分使うとき面倒なこともある。そのへんは、ずぼらな性格との妥協点をみつける。

数日かけて、納品と返品の伝票をすべて入力し終わった。


次に、計算書と突き合わせるためのレポートを出せるように、自作ソフトをまたいじる。

出版会計の基礎コース（実際は上級）の講師は、自社の数字と合ってるか確認しろと言っていた。なので、とりあえず取引条件どおりに「うちの」計算書を作ってみて、取次から送られてくるものとちゃんと合うか調べようと考えた。

まずは、大事にとってある契約書を引っ張り出す。委託と注文以外の、うちはあまり関係ないからよく覚えていなかった条件がある。セミナーで出てきた常備もそうだし、他にも延勘とか長期とか買い切りとかいろいろある。

延勘というのは、注文なんだけど翌月支払いにならず、数ヵ月後とか一定の期間をおいて清算するというもの。とりあえず、これまでにそんな条件で納品したことはなかったと思う。長期というのも、似たようなもの。

やたら面倒だけど、どうしよう。常備は無視することにセミナーで決めてある。買い切りはない。延勘はない。長期は委託と結局同じ条件じゃないか。というわけで、すべて委託と注文に振

り分けることにしてごまかす。（後日、慣れてきたときに、ちゃんとそれぞれ分けるようにしました）

考えてみれば、トーハンから計算書が送られてくる封筒に、出版経理のソフトのチラシがときたま入っている。結構なお値段だとにらんで無視してたが、買ったほうがいいんだろうか。いやいや、出版に関してはケチ精神でいかないと。やっぱり買うのはやめよう。

マイクロソフト社のアクセスは面倒なので、納品と返品の月間合計だけ出るレポートでよしとする。あとは、送られてくる計算書と同じものを、表計算ソフトのエクセルで作ってみる。

ところが作ってみると、トーハンと日販とで微妙に違う。消費税の計算が委託と注文それぞれだったり、最後にまとめてだったり。注文の返品も、トーハンは注文の中にあって、日販では別の項目になっている。計算書を見ながら契約条件どおりの計算式を入れるだけなのに、謎解きでもしてるような気がしてきた。

こっちは計算書が合っているか確認したいだけなのに、なぜこんなに大変なのか。調べていくうちに、契約書に書かれているルールどおりじゃないということがわかってきた。

例えば、注文納品の支払時期は基本的に翌月なんだけど、全額払ってくれるんじゃなくて一部はもっと後で払われる。支払留保という。一部というのは、あなたの会社の場合は何割ですよと契約書に数字が書いてある。

が、実際は、そのくらい残るように取次が適当に支払金額を決めるというのが正しい。なので、突き合せるために自分で計算してしまうと、売掛残高が微妙に合わない。何割残すんじゃなくて、取次様が払うと決めてくれた金額を引いた残りが、正しい売掛残高になる。

それまでに溜め込んでいた計算書を、そうやって順番に確認していく。進めば進むほど疑問が湧いてきて、ひとつずつ解決していく状態。まるで探検隊のような気分だ。

なんとか最新のものまでたどり着いた。売掛残高も月々の支払金額も合っていた。あの出版会計の基礎コースの講師が言ってたような心配は、なさそうだ。


ホッとしたのもつかの間、決算時期がやってくる。

最初は面倒だと思った棚卸が、意外と楽しい。刊行点数が少ないから楽なだけなんだが、なんとなく製造業っぽい気分になる。ついでに在庫をきちんと積み直して、事務所が片付くのも気持ちがいい。

出版会計の基礎コースで習った返品調整引当金も計算する。

ようやくすべて完了。やればできるとはこのことだ。あとは通常通りの決算なので、その前に出版業だけの収支を出してみる。当然のことだけど、百万円以上の赤字である。悲しい。

気分直しに、せっかく製造業になったので消費税の計算で遊んでみることにする。消費税の簡易課税では「みなし仕入率」というものがあって、売上に対して仕入はどのくらいの割合と決まっている。これまでは全部サービス業だったので五十パーセントだったけど、製造業は七十パーセントだ。出版業の売上はまだまだ少ないけど、いくらか納税額に差は出るだろう。とにかく消費税の計算だけでも、製造業の恩恵を受けることにする。

第三章　ヨチヨチ歩き

書籍専門印刷会社

二冊目のときはずいぶん企画で悩んだが、今ではありがたいことにほぼ順調に決まっていって、ネタにはあまり困らない。

やっぱり、ゼロから生み出すってわけではなくて、連想ゲーム式に出てくる感じだと思う。本を買ってくれた人の感想から次の企画が浮かぶこともあるし、出版とは関係ないところで会った人から（でも何かのつながりがあって）内容が浮かぶこともある。これがアンテナを張り巡らすってことかどうかはわからないけれど、いつも出版のことを考えていると、いろんなことが企画に結びついてくる。

とはいえ、月に何冊も出さなければならない編集者は、やっぱり大変だろう。絞り出すとなると、ますます大変なんじゃないかとも思う。

三冊目も、企画自体はひょんなことから生まれた。

『福祉の仮面』を出してホッとしていたある日、高齢者の家まで本を届けに行く図書館ボランティアの話を新聞で読んだ。本という言葉に反応したのと、高齢者福祉のことに興味を持つようになって目が行ったんだと思う。

記事を読んで、祖母のことを思い出した。昔はよく本を読んでいたけど、だんだん活動的じゃなくなってコタツの周りに必要なものが集まり出した。老人ホームに入る頃には、本を読みたいけど目が疲れると言って、ボケーッと一日中テレビの画面を見るともなしに眺めていた。

調べてみると、読書は園芸に続いて高齢者の趣味の第二位に入っていた。なのに、目が悪くなったり書店から重い本を持ち帰るのがつらくて、本から離れてしまっているらしい。

さすがにその頃までには、本は簡単には売れないものだと身に沁みていた。本になりそうな企画だったら何でも採用ってな状況よりは、多少ましになった。とりあえず、他の人（といっても身近な人間だけど）にきいて感触を確かめてみる。が、ほとんどの人は、本の企画云々の前に苦笑いしてこう言う。

「老人は本なんて読まないでしょう！」

けど、私が年とってひまになったら、本が読めないなんてすごく嫌だ。

納得いかなくてもっと調べてみると、世の中高齢者高齢者と騒いでいるわりには、介護の話題ばっかりだという気がする。雑誌などで介護関連の話題を取り上げることはあっても、介護される側でなくする側の話が多い。高齢社会になると言われているのに、人口の増えてきている層を読者として想定していない。

これは、高齢者向けの本を作ったら、イケるんではなかろうか。そういう本を作れば、うちの婆ちゃんも喜んでまた元気になるかもしれない。どう考えても、世の中に必要とされているとしか思えない。よし、高齢者は昔話が好きだから、そういうことを集めた本を作ろう。字が読みづらいなら、思いっきり字を大きくして絵本にしてしまえ。

本は簡単には売れないとわかっても、売れる本を作れるかは別の話。商品マーケティングにとことん疎かったので、ニーズさえあれば売れると思い込む。自分で自分の企画に惚れて、エライ熱くなった。

おまけに、この企画なら自分でも書けそうだ。またしても、原稿料がかからない。

さっそく、試行錯誤を始める。まずは、こんな本ですが読みたいですよねと話して回るために、サンプルを作ることにする。どんどん人に会えと、編集者向けの本にも書いてある。

白状すると、このサンプルというのもどこかの本で仕入れた知識だった。パイロット版を作って書店員さんたちに読んでもらって云々。評判がよかったので、その感想をオビに書いたらよく売れた云々。同じようにしたいが、パイロット版を作るには金がかかる。しょうがないので、一冊手作りすることにした。

戦争とか闇市とか東京オリンピックとかのシーンを考えて、文章と絵を作った。その原稿を印刷しておいて、図書館で「あなたもできる手作り製本」みたいな本を借りてくる。意外と面倒くさい。途中で、背表紙のところに寒冷紗《かんれいしゃ》とやらを貼るらしい。何、それ？　と思って調べると、目の粗い薄い綿布と辞書に書いてあった。性格がずぼらなので、わざわざ買いに行かずになんとか済ませたい。うちにあるガーゼを代用することにした。他にも紙とか糸とか、身近にある材料でごまかしながら、糸綴じの上製本（らしき物）ができあがった。

いろんな人に会っていくうちに、一緒に作ろうという人も現れた。『福祉の仮面』の宣伝がきっかけで中高年が集まるインターネットのコミュニティーに顔を出していたら、南川さんという会員の人が、この企画に興味を持ってくれたのだ。

南川さんは個展なんかも開いている現代美術家で、

「いい企画だけど、その絵じゃ売れない」

と言う。その絵ったって、私がサンプル版のためにささっと描いたもので、そのまま本にするつもりなんかさらさらない。そんな下書きを批判されても困る。このオヤジ、自分が描いた絵の本を出したがってるに違いない。

そうは思ったんだが、若いのに（当時六十前）仕事は引退して絵を描いているという優雅さに、なんか惹かれてしまう。私が描く場合（＝素人っぽい）と、プロに発注する場合（＝ビジネスっぽい）の、ちょうど真ん中くらいでよさそうな気がする。レベルは確保しながらも趣味っぽい、とでも言おうか。

おまけに、南川さんもこの中高年コミュニティーも、妙に人脈が広そうだ。私ひとりでしこしこ作るより、入ってもらったほうがいいかもしれない。南川さんに払う謝礼が予定外だったが、売るときのことも考えて協同することにする。

最初、彼には絵（だけ）を担当してもらうつもりでいたんだが、二人で内容の検討を始めてみると、これがなんともエキサイティング。一緒に取材に行ったり、毎週のようにうちの事務所で激しい議論を重ねたりした。彼と私にはジェネレーションギャップがある。ギャーギャー話し合わないと、単語ひとつでさえ決まらない。

制作会議というのは、本（の中身）を作っている！　という実感がわいて、実に楽しかった。完成に近づく頃、南川さんが絶妙なタイトルを考えてくれた。『あるばむ　人には尽きない話がある』（楠井洋子・文、南川博・絵）。

その頃ちょうど東京ブックフェアがあった。今では、主催のイベント会社から、出展しろとかセミナーに来いとかしつこくお誘いが来る。が、もちろん当時はそんなもの来ない。開催自体は、どこかで読んで知っていた。

「出版社になったんだから、やっぱり（見物に）行ってみよう」

遠足感覚で、会社の相棒の小野田クンと行くつもりにしていた。

すると、どこかのDTP会社から、招待券が届いた。まだ、出版社名簿のようなものに載る前だ。積極的に調べないと、うちという存在にはたどり着かないはず。営業熱心だなと驚いた。

営業熱心といえば、紙の卸問屋の人が直接事務所に営業に来てくれたこともあった。それも、出版を始めてすぐのことでビックリしたんだが、最近は来ない。規模がバレて、不毛な営業はやめたんだと思う。

コストセーブ感覚が生まれてから、本の奥付に書いてある印刷製本所のホームページをたまにチェックしていた。よく出てくる会社は書籍専門なのに違いないと思って、メモってあった。招待券についているパンフレットを見ていると、印刷会社も結構出展している。記憶にある会社も出ている。

よし、これは本当に（見物じゃなくて見学に）行ってみよう。

当日、出展者の話を聞いて、本はページ物印刷といっていろんなことが違うとわかった。製本会社とも仲良しだろう。彼らからしたら、飛んで火にいる夏の虫。あれだけ熱心に話を聞く客は、たまらなかったんじゃなかろうか。フェアが終わると、数社が改めて挨拶に来てくれた。

ようやく、書籍の印刷がメインで出版業にも詳しい業者とのつき合いが始まる。器だけの出版社から、ちょっと成長した気がする。

が、今度出す本から頼むという話をしていたのに、営業の人が慌てた感じでやってきた。

「いただいた会社概要と実際の内容が一致していないようですが」

見ると、うちの登記簿謄本のコピーを持っている。すごいなあ、いちいちチェックするんだ。

「えー？　なんででしょうね。ちょっと見せてください」

取引先の与信調査までする相手と違って、こちらはのん気なもの。出版やその他の権利を取るたびにあれこれ書類を提出するから、審査されることにも慣れて（慣れすぎて鈍感になって）いる。

「ああ、これは古い謄本ですよ」

当時、アニカの他にもうひとつ、小野田クンと私が株主の会社があった。こちらは、知り合いと新事業の話で盛り上がって勢いで作っちゃった会社（いや、アニカも勢いといえば勢いなんだけど）で、業績がよろしくないから潰しちゃおうということになっていた。うちは経理や総務の仕事は私がするので、法人が二つもあると面倒で仕方ない。累積赤字を節税に活用するために、ただ潰すんじゃなくてアニカに吸収合併させた。

印刷会社に提出した会社概要に書いたのは、合併後の資本金や役員の名前だった。合併自体はほぼ完了していたので、変更登記の最中だなんて気にしてなかったのだ。印刷会社が謄本を取りにいったのが、ちょうど法務局の変更作業中だったらしい。

そう説明したんだが、印刷会社のほうでは嘘があると受け取っている。

「いや、大変失礼なんですけど、うちの社長がちょっと……」

怪しい会社とは取引を始めるなど言われたに違いない。営業の人はしきりと恐縮するが、そのわりには「もうお断り」というわけでもなさそうだ。話を聞いていると、社長は取りっぱぐれを心配して、今回の取引は見送ろうとしている。けれども彼には新規顧客の開拓ノルマがあって、なんとか取引を始めたいらしい。

「印刷をお願いする頃までには、合併登記も終わってますよ。新しい謄本を提出しましょうか？（そんなもん、いくらでも出しますがな）」

そう言うと営業マン氏は帰っていったが、支払サイトで調整させてほしいと、再度頼みに来た。取引一冊目は半分前金と残りは納品即支払い、二冊目は翌月末、三冊目以降は翌々月末の支払いということに決まった。

社長としては、お互いに譲歩したつもりだったと思う。刷ってやるけど、信頼を得るまではさっさと払えよということらしい。

が、うちからしてみたら、譲歩も何もない。取引がダメなら他の印刷屋を探すだけだし、前払いもまったく問題ない。こんなにうるさい会社なら逆に、前払いした金を持っていかれる心配もなかろうと思うくらいだ。

それまでは、払うときも受け取るときも、請求書の日付の翌月末なんて長いほうだと感じていたくらい。うちやそれまでのお客さんが気前よかっただけなのか、業種の問題なのか。納品後し

ばらくして請求書が来て、かつその翌々月末支払いなんて、
「あら、そんな後でいいんですか」
ってな感じだ。相手は紙を仕入れて、機械を動かして刷って、納品も済ませてくれている状態。さっさと払っちまうほうが、気持ちいいではないか。

そりゃ、私だってキャッシュフローとか売掛金回収期間の問題は理解している。いろんな国で、日本とは比べ物にならないような高金利も経験している。けど、銀行から送り込まれる建て直しだけのための社長じゃあるまいし、気分よく仕事をしたい。

後になって、印刷製本会社への支払サイトは、取次から出版社への入金タイミングと関係が深いと知った。新刊の売上金を印刷会社への支払いに当てようとすると、取次からの払いを待たなければならない。

実際はもっと複雑で、出版社と取次との間の契約条件によって話は変わる。うちみたいな契約だと、取次からの入金を待っていたら、印刷料金の支払いなんかずっと先になってしまう。

ちなみにこのことは出版業界の自転車操業の仕組みと関わってくる話なんだが、当時はそんなことわからない。もっと言えば、取次のやり方に対する巷の問題視、つまり「弱小出版社への条件が、大手老舗に比べて不当に厳しいのはいかがなものか」という話にもつながる。もちろん、そんなことも当時はまったく自覚していない。営業マンがやたらと
「支払サイトが短くて申し訳ない」

と言うのを、何をそんなにへりくだっているのかと不思議に思っていた。

いよいよ、『あるばむ』の原稿もできあがった。本文がカラー印刷なので、コスト高になるのは確実だ。だから、DTPは本文もカバーも全部、外注しないで自分でした。スリップも作った。時間はかかったけど、発刊日に影響される本じゃないから大丈夫。

さあ、前から楽しみにしている、印刷工程の見学である。印刷会社の担当者に頼むと、あっさりOKしてくれた。

ところが南川さんも、色合いを見たいといって一緒に来ることになった。色合いなんて見てほしくない。余計なことを言って印刷代が上がったら面倒だ。細かいことは気にするなと言いたい。

埼玉にある印刷工場では、オヤジさんと弟子（跡継ぎ息子？）の他に、東南アジア系の男性が数人働いていた。端から端まで十五メートルくらいありそうな、巨大な機械の近くに行く。一方から紙が入っていって、四個のドラムを抜けて、もう一方の端に印刷された紙が積み重なっていく。

どこかで輪転機という言葉を聞いたことがあって、これがそうかと思ったが、違った。輪転機というのは、ロールになっている紙を使う機械なんだそうだ。確かに、トラックにバカでかいロールを積んで走ってるのを見たことがある。すごい大量の印刷をするときに使うそうで、ドラマで「新聞に出てしまった！」というシーンで出てくる、あの機械かもしれない。うちは大量に刷ることはなさそうなので、これ以上輪転機に興味を持つのはやめる。

その先に別の機械があって、音響ミキサーみたいに小さいレバーがいっぱいついている。オヤジさんが、そのレバーをあれこれいじっていた。これが色調整だという。はじめはむっつりと作業していたんだが、南川さんがあれこれ口を出し始めたら、意外なことにだんだん機嫌がよくなった。思うに、普段は誰も第三者がいない工場で黙々と仕事をこなして、後になって文句を言われて刷り直しなんてことが多いのではなかろうか。南川さんが、

「もう少し、こうなりますか？　わあ、すごいですね」

なんて質問を交えながらお願いしたり、その通りになると喜んだりしていたので、オヤジさんもちょっと嬉しかったのかもしれない。

私のほうはといえば、機械から出てくる紙の多さにショックを受けていた。版の一部のほんのちょっとした色調整のために、ガシャガシャガシャガシャッと二十枚くらいあっという間に出てくる。普段、ファックス一枚出すのにも裏紙を使っている人間としては、もったいなくてオロオロしてしまう。

印刷会社の担当者の横でつぶやくと、だから大部数を刷ったほうが効率がいいのだと教えてくれた。一旦決まってしまえば、後は機械がガンガン印刷するだけ。うちみたいに少ない部数(『あるばむ』は二千部にした)でも同じで、試し刷りだけで結構な枚数を刷ってしまう。とはいえ、売れなくて捨てるのももったいない。要は売れればいいんだけど。

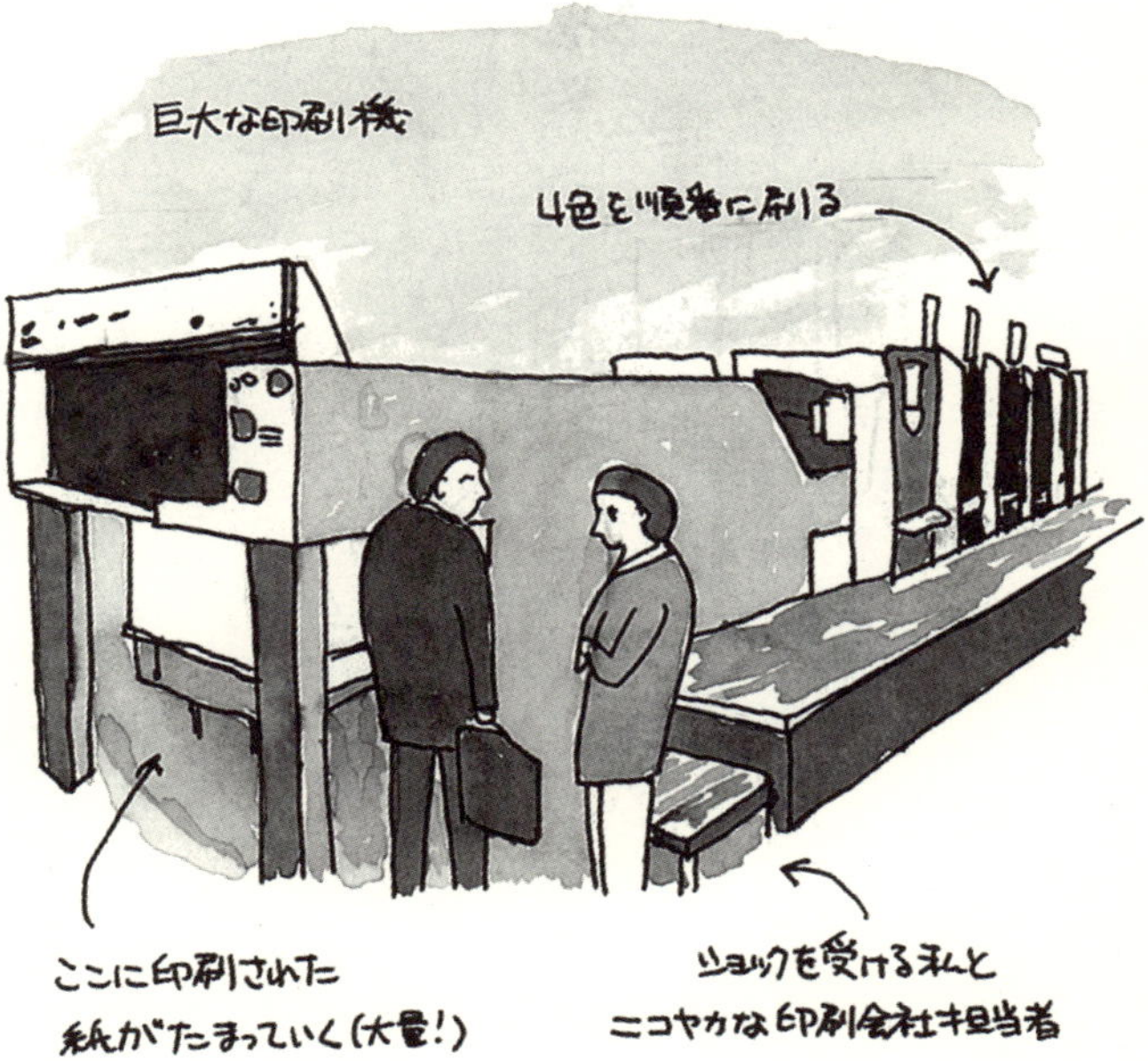
巨大な印刷機
4色を順番に刷る
ここに印刷された
紙がたまっていく(大量!)
ショックを受ける私と
ニコヤカな印刷会社担当者

ところで見本納品のとき、取次の仕入部の人に配本日や配本数などの希望を尋ねられる。どこの製本所から納品されるかもきかれる。『あるばむ』を持っていったときは、少し反応が違った。それまでは、

「○○印刷？（どこ、それ？　聞いたことないな）」

という感じでちょっと不安そうだったのが、今回は、

「ああ、○○さんね（知ってますよ）」

と非常にスムーズな反応だった。

名の通った印刷製本会社からの納品だと、そういう会社と取引できる出版社として信頼されるんだと、後になって知った。

いや、他の業種だって、会社概要の主要取引先に大手や優良企業を並べておいたりする。けど、こちらは規模というより、出版に関わってるかどうかが問題な気がする。身内意識みたいなものか。新参出版社も大変だけど、別メディアから参入する印刷会社にもいろいろハードルがありそうだ。

新刊案内の謎

『あるばむ』が出るちょっと前、日販の聞いたことのない部署の人から電話がかかってきた。日販速報なる雑誌をとってくれという、営業電話だった。書店向けの週刊誌で、年間二万円ちょっとの購読料。

出版社として、他社の新刊もいろいろ知ってなきゃいけない。ちょうど、そう思い始めたところだった。

学生の頃は、千葉県の新松戸という郊外の新興住宅街（今は新興とは言わないかも）に住んでいた。家に帰るには、電車を降りて駅からまたバスに乗らなきゃならない。で、都合よく駅前に本屋さんがあって、バスの時間待ちにほとんど毎日寄っていた。買うときもあったし、買わないで眺めるだけのときもあった。話は飛ぶが、その本屋さんは今はない。ずいぶん前に、流行の安売り薬局（松戸だから、もちろんマツモトキヨシ）に変わった。

佃島の自宅兼事務所は、地下鉄月島駅の出口から百メートルも離れていない。つまり、何かの帰りにパッと寄れる書店がない。近くの商店街にある本屋さんはみんな、マンガと主婦雑誌がメインの店で、あまり行ったことはなかった。もうちょっと離れたところにある本屋さんは、少々凝った品揃えだけど、いかんせん駅と反対方向だ。すごく書店に行きづらい環境なのだ。

本が好きな人は、街中でなんとなく本屋さんに入ってしまうことが多いという。けど、私は街中をうろうろすることがあまりない。買い物も散歩も嫌いだし、移動中の寄り道も好きじゃない。本屋さんが目的地じゃないときに本屋さんに入ることは、滅多にない。

今は、書店には行くと決めて行く。何度も行くのが面倒なので、一度に何冊も買う。当然、そんなにしょっちゅうは行かない。だから、どんな本が出ているか、よく知ってるとは言い難い。新刊が全部紹介されているならそりゃいいやと思って、勉強のために購読を申し込むことにした。

さっそく送られてきた日販速報を見る。新刊点数が多いことは知っていたけど、本当に十ページ以上に渡ってずらっと並んでいる。雑誌もやたらと始めたりやめたりしているし、ムックもすごく多い。

眺めているうちに、紹介されている本の発刊日が、二週間から二ヶ月ほど先だと気づいた。

うちの本の場合、外部の人で最初にその本の存在を知るのは、見本を受け取ってくれる取次の仕入部の人だ。この見本納品のときに、タイトルや著者名やISBNコードなど（書誌データと言うと最近知った）が初めて世の中に認識される。

なんで二ヶ月先なんだ。こりゃ、見本納品で仕入部の人が端末に入れてるデータじゃないな。

そう思って、日販に電話した。

「うちの新刊も日販速報に載せていただきたいのですが、どうしたらいいでしょう？」

あっさりと、新刊情報の送り先を教えてくれた。エクセルのファイルに書名や価格などを書き込んで、メールで送るだけとのこと。版元もなるべく情報提供に協力してくれとも言われた。いかにもこっちが出し惜しみをしてるような言われ方。それならそうと、先に教えてくれ。いくらでも送りますがな。

考えてみると、世の中には予約商品というものがある。発売前の本の情報も、いろいろ出ている。『福祉の仮面』を出したときにあちこちPRしたけど、あれは本が出た後だった。刷り上がる前でも、こんな本が出ますと宣伝していいってことか。

新刊について雑誌などで取り上げられる場合、雑誌の発売日頃にちゃんと書店に並んでいないと読者を取り逃がしてしまうらしい。そう、どこかで読んだ。おっしゃるとおりなんだが、巨大倉庫に本を置いておける大手出版社の話とばかり思っていた。前もって宣伝できるなら、うちでもイケるかも。

ちょうどもうすぐ『あるばむ』が出る。いろんなところに載せてもらおう。

とはいえ、雑誌の編集部なんか恐ろしくて訪問できない。前回と同じく、こちらは本ができ上がってから送ることにする。とりあえず、オンライン書店への告知をしてみよう。

ネット企業は、電話を嫌がる傾向がある。メールやフォームでの入力でしかコンタクトできなかったりする。こういう傾向はお客に不便を強いるので、セールス的には問題らしい。が、今回に限っては営業トークが苦手な私向けで大変よろしい。

よし、オンライン書店だ。うまくすれば、予約受付中とかいってサイトで紹介してくれるかも。

まず大手アマゾンのサイトに行くと、思ったとおり、電話番号は書いてない。問合せの内容に合わせてメールアドレスが書いてあるのみ。出版社向けに「コンテンツの掲載」というページがあって、詳しく説明（面倒くさく指示）されている。データの並べ方、文字数の制限、ファイル形式、画像の大きさと、本当に細かい。とにかく言われたとおりに作って送信した。

すると数日後、本のデータがないから載せられないと、メールで返事が来た。何言ってんだよ。こっちが初めて送ってるんだから、データはないに決まってるじゃん。

そう説明したメールを送ると、今度は取次の大阪屋と取引がないとダメだという返信が来た。大阪屋というのは、トーハン・日販に続く（といってもその差は大きいらしい）、業界第三位の取次会社だ。うちとは取引がない。

が、きちんと出版社だと認識してもらうように、取次はトーハンと日販だと説明メールにもちゃんと書いた。取引がない取次への納品も、トーハン経由でちゃんとできている。大阪屋だって大丈夫なんだけど、アマゾンにはわからないのか。

なんとなく納得いかなかったが、メールのやり取りなんかじゃ埒《らち》があかず、他のオンライン書店をあたることにする。すぐ諦めるのは、営業嫌いなせいである。

7&Y（当時はイーエスブックス）に情報を送ると、丁寧な返事が来た。

「新刊情報ありがとうございます。今後ともよろしくお願いいたします。出版社書店への登録もご検討ください」

出版社書店に登録すると、独自に本の説明文などを掲載できるらしい。これはいいと思って申し込むと、紙の書類とマニュアルが送られて来た。ＩＤとパスワードも発行してもらった。ちゃんと出版社扱いされて、非常に気分がいい。

マニュアルを見ながら、さっそくトライする。説明を載せるには、まず本を検索して選択して、そこから詳細入力の画面に飛ぶ。ふんふん、なるほど。

ところがＩＳＢＮコードを入力しても、該当書籍はありませんというメッセージが出るのみ。何言ってんだよ。新刊情報は最初に送ったじゃん。データ更新にそんなに時間がかかるのか？面倒だから放っておいて様子を見ることにした。これも、営業嫌いなせいである。

続いてｂｋ１を見ると、本の情報は図書館流通センターというところへ送れと書いてあった。なんか別会社のようだけどよくわからないので、リンクをたどってとりあえず図書館流通センターのサイトへ飛ぶ。ところが、そっちへ行っても情報提供についての説明はない。しょうがないから電話してみた。こちらは営業じゃなくて単なる問合せなので、多少は気が楽。

すると、新刊案内ファックス用紙なるものを郵送してくれることになった。届くのを待って用紙に書き込んで、図書館流通センターにファックスした。が、肝心のｂｋ１では本の情報がなかなか現れない。

と、なぜか図書館流通センターから七十冊もの注文が来た。改めて業務内容をよく見て、なるほど図書館へ売るのかと納得する。最初に見たときに社名から想像できそうなものだが、当時は新刊案内のことで頭がいっぱいだったんだと思う。

ところが喜んでいると、トーハンの図書館担当なる人から電話がかかってきた。

「TRCから注文が行ったと思いますが」

「TRCって何ですか?」

「図書館流通センターです」

どうしてわかったのか。つるんでいるのか。その上、見本納品のときにその注文も一緒に出せと言う。

発刊前に営業して獲得した注文は、指定短冊といって見本納品のときに提出する。こんなに営業しましたよというアピールにもなるし、取次の配本予定先に入ってない書店にも確実に届けてもらえる。

その指定短冊と一緒に出せ、ということらしい。出すのは構わないんだが、それ込みの部数が初回配本数になると言う。つまり、注文じゃなくて、委託の一部に埋もれてしまうわけだ。指定短冊なら諦めもつくが、今回はあれこれ調べて勝ち取った注文。なんか、ごまかされたような気がする。

おまけに、

「次からは、案内はこっち（取次の図書館担当）にしてください」と言われる。あっち（図書館流通センター）に直接売り込むのはよろしくないらしい。なんとなく、余計なことはするなという雰囲気。こっちにしてほしいんだったら、最初に教えといてくれ。いろいろ苦労した結果がどう現れるか、毎日チェックした。アマゾンはダメだとわかってるし7&Yもあれっきりだけど、一応期待して見にいく。bk1は、図書館流通センターからの注文という別の収穫があったけど、それっきり。どこも特に変化はなく、うちの新刊は相変わらず現れない。

結局、取次に見本納品をした二日後ぐらいから、ようやくそれぞれの新刊のページに現れ始めた。

ということは、やっぱり見本納品に行かないとダメってことか？　新刊案内を送っても、仕入部の人が端末に入力しなきゃダメなんだろうか。

どこかのオンライン書店に、ブックスデータだったかマークスデータだったかを使っていると書いてあった記憶がある。誰がまとめているのかわからないけど、日本中の本を集めたデータベースだろう。調べていくと、日本書籍出版協会データベースなるものにたどり着いた。なんとなく、大元締めっぽい響きだ。これか。（後でわかったんだが、これがBooksというデータベースだった）

日本書籍出版協会にメールで問い合わせると、IDとパスワードをくれた。なんだ、それならそうと言ってくれ。すでに出てしまってるけど、とりあえず『あるばむ』の書誌データを登録する。ありがとうございましたと、システムの自動返信のメールが来た。

結局、バタバタしたわりには、何の進展もなかった。見本納品を終えてようやく本の存在を告知できたから、二冊目までと状況は何も変わらない。

ちなみに四冊目を出すとき、発売日よりずいぶん前に、日本書籍出版協会のデータベースに登録しておいた。が、やっぱりオンライン書店には、見本納品の数日後にしか載らなかった。

おまけに、表紙画像があったりなかったり。書名と副題がくっついちゃってるのもある。オンライン書店によって情報が違うということは、元になっているのはひとつのデータベースじゃないのか。考えられる理由はひとつ。見本納品のときに、トーハンの人と日販の人では入力している内容が微妙に違うってことだ。が、そんなことわかったって、なんにもならない。

とにかく、仕組みは非常にわかりづらかった。まあ、いろいろ学んだし推理するのも楽しいし、よしとした。

その後、新刊を出すたびにいろいろ試したり親切な人から教わったりして、少しずつ学んできた。

出版業界には、一ヶ所ですべての本を網羅するデータベースはない。よく考えたら、他の業界にもないんじゃなかろうか。

私が大元締めだと勘違いした日本書籍出版協会のデータベースも、版元側からの情報提供に頼っていて、すべての本をカバーしているわけではない。一応、登録すれば発刊前でも書誌情報として扱ってくれる。が、発刊日を過ぎないと、一般的に言う本の情報としては日の目を見ない。発刊されなかったり発刊日がずれたりすることがよくあるらしいので、予定はただの予定ということか。

MARC（私がマークスという名のデータベースだと勘違いしたもの）とは、Machine Readable Cataloging の略で、要するにデータベースという言葉を言い換えただけのものだと思う。よって、図書館流通センターMARCとか、日本書店商業組合連合会（日書連）MARCなど、いろんなMARCが存在する。

つまり、一元管理になっていない。そのため、本の情報として一番信頼されるものは、各取次が流通のために見本納品時に入力するデータという事態になっている。私が日販速報に送った情報も、実はただの事前情報で、取次が流通のために管理するデータベースにその時点で入るわけではなかった（今は一緒になったようだ）。

最近では、日本出版インフラセンター（日本書籍出版協会の関連団体）が中心になって、信頼に足りるデータベースの構築を進めるという動きが出てきた。日本出版インフラセンターは、データを集めるのに一点あたり五百円を徴収している。そのせいか知らないけど、まだ完璧なデータベースにはなっていないらしい。業界関連セミナーに出るたびに、このセンターから「ご協力のお願い」をされる。

オンライン書店の謎

新刊案内だけじゃなくて、本自体の動きもわかりづらい。

たまにネットの掲示板などで、

「アマゾンで本を扱ってもらうには、どうしたらいいでしょうか？」

という質問を見る。自著をもっと売りたいと思っている個人などが、尋ねているようだ。自費出版なのか、出してくれた出版社に不満を抱いているのか。で、誰か業界の人が、オンライン書店も普通の書店と同じで取次を通して商売をしていると説明している。

ちなみにその答が、

「出版社（や著者）と直接取引してると思うでしょ。そうじゃないんだよ。あんたが頼んだって、本は売ってもらえないよ」

という冷たいニュアンス。取次口座という既得権とそれを知らない人に対する、微かな優越感が感じられる。私も権利だ権利だと喜んだけど、変に威張らないようにと、こういう答を読むたびに自戒する。

各オンライン書店が、取次会社を通して商売しているのは確かだ。で、それぞれ取引している取次のデータベースを使用して、サイトに本を紹介している。私が、発売日まで出てこないしあちこちで情報が違うと悩んだのは、このためだ。

ちなみに予約販売は、基本的に取次を通さないで出版社独自で各オンライン書店に営業をかけて、してもらうものらしい。基本的にというのは、世の中みんなで売ろうというような本（ハリー・ポッターとか）はおそらく違うと思われるからだ。

一度ある人から、わからないなら悩んでないで取次やオンライン書店に直接きけばいいじゃないかと、お叱りを受けたことがある。けれど、企業にその事業について詳しく説明してもらうときは、

「そうですか（説明ありがとう）。では弊社のこの商品を取り扱っていただくと、御社も弊社も大儲け！」

みたいな話が後にくっついていないといけない気がする。ただ時間作って説明してもらうだけじゃ、月謝を払うべきかもという気になる。『J検』、『福祉の仮面』と成績がよくなかったので自信喪失していて、積極的にコンタクトする気になれなかったのである。

話はさらに飛ぶが、出版業界の人は自分の会社を弊社でなくて小社と呼ぶことが多い。気づいたとき、あれ？　と思って『広辞苑』で調べてみた。すると、弊社は「自分の属する会社の謙称」、小社は「自分の会社の謙称」とあった。出版業界の人が、「属している」と思わずに「自分

の」会社だと思って使っているのかはわからない。たぶんそうじゃなくて、ただの慣習だと思う。

ところで、オンライン書店が本当に普通の本屋さんとまったく同じかというと、微妙に違うこともある。

まず、なぜかオンライン書店からは直接注文が来ない。全部、取次を経由して来る。が、ネットでの販売だとわかるだけで、どのオンライン書店からの注文なのか、まったくわからない。本屋さんからの注文は、取次から来るものも、ちゃんとどの本屋さんから来たのかわかる。

オンライン書店のサイトには、どこの取次を通しているのかなんてあまり書いてない。会社概要のページで出資者を見ると、かろうじて想像つく（アマゾンなんか会社概要もない）。まあ想像はつくんだけど、だからどうってことないからすぐ忘れてしまう。そうじゃなくても、書店や取次や出版社や業界団体ってのは、お互いに株の持ち合いや人材の提供（役員とか理事とか）をしているところが多い。いちいち覚えてなんかいられないのである。

というより、当時推理するのが意外と楽しかった。規模が小さいおかげで、各オンライン書店でのランキングと取次からの注文を吟味すると、なんとなく見えてくる気がする。

トーハンからは、EC取寄注文という電話がかかってくる。よくわかんないけどECという語感からして、これがオンライン書店行きだと思う。関係ない話だが、うちの会社の出版専用の電話番号を変えてあちこちに案内を出したとき、いつまでたっても古い番号にかけてきたのが、このEC取寄注文の部署だった。

図書館流通センターでは、図書館からの受注数と納品数がわかるメール週報を発行している。『あるばむ』に注文をもらったとき、ただなので申し込んでおいた。それを見ていて、ドサッと仕入れた在庫をbk1にも流していることが判明した。

そういえば、bk1に新刊案内するために調べていて、この会社にたどり着いたんだった。あのとき、直接売り込むなとトーハンに怒られたってことは、bk1と図書館流通センターとトーハンは密につながっているってことだ。

bk1は、図書館流通センターに在庫があるものはそこから仕入れて、なかったらトーハン経由でうちに注文するのではなかろうか。これが、EC取寄注文だろうと推理。（bk1はその後、図書館流通センターに吸収された）

図書館流通センターにまだ在庫があるのに、トーハンからEC取寄注文が来るときもある。これは、bk1以外のオンライン書店に行ってるに違いない。うちの場合、トーハンと日販以外の取次からは、トーハンを経由して注文が来る。大阪屋から来る分、つまりアマゾンがこれだろうと推理。（後になって、アマゾンは日販経由で来るとわかった。）

日販は複雑だ。当時、「ネット受品口のエンドウ宛」という注文が、電話で来た。その他に、郵送してもらってるおみくじ封筒の中に、NETと書いてある赤い（普通の注文は、白地に黒と緑で印刷）スリップが入ってくる。

ネット受品口とNETの違いはわからない。電話で来るんだから、ネット受品口のほうが急ぎなのかなと思う。けど、オンライン書店で買うときに、急ぐか急がないかなんて区別はつけられない。一度、ネット受品口宛の注文電話をくれたおネエさんに、違いを尋ねてみたことがある。が、おネエさんは赤いNET短冊を知らなかった。

ついでに言うと、エンドウって何？　普通に考えたら遠藤さんだろう。こちらも、王子に納品に行ったとき、受品口あたりにいるお兄さんに尋ねたことがある。が、お兄さんはエンドウさんを知らなかった。オンライン書店が出始めた頃に、担当してた人なのか。もしかして、その人はもう辞めていて、エンドウ宛という言葉だけが生き残ってるのか。こういうことを推理するのも楽しい。

さらについでに言うと、NETと書かれた赤いスリップは、うちに到着する時点ですでに二週間以上たっているときがある。オンライン書店で、商品が届くまで一から四週間なんて書いてあるのがこれだと思う。うちは、全部の既刊本を事務所に揃えてあるから、在庫があるのかわからないとか倉庫から出すのが大変なんてことはない。スリップさえ来れば、四週間もかからないと思う。

各オンライン書店の在庫状況を見ていると、発刊したばかりの頃は「商品が届くまで一〜四日」が多い。他には「一〜二週間」、「四〜六週間」があるんだが、だんだん日数が増えていくわけではない。増えたり減ったりしている。どうしてかかる日数が変わるのか、よくわからない。

で、そのうちに「出版社に在庫確認」になったりする。

その謎の最たるものが楽天ブックスで、納品していないのに「一～二週間」から「在庫あり」に勝手に変わっている。たまに「在庫切れ、出版社に確認」になるときもある。最初の頃は、むきになって何度も在庫はあると連絡したが、楽天での表示はまったく変わらない。必要がないと確認はしたくないらしい。

もっと言うと、新刊で出したばっかりでも、アマゾンでたまに「品切れ」になっている。まるで絶版みたいなイメージだから勘弁してくれと思って何度も連絡したんだが、返事は一切来ないし表示も変わらない。これについては、「どうしようもない」と他の出版社の人から聞いたので、今では放ってある。

オンライン書店も、普通の書店と同じように取次を通して商売をしているのは確かだろうけど、普通の書店とはちょっと違う。特に、取次との関係（の深さ）が違うんじゃなかろうか。


不思議なことは他にもある。ランキングだ。

そこそこしか売れてないのに上位に出ていたり、ほんの数冊の注文で順位がボンボン上がる。

以前、コンサルタントみたいな人が、

「本日の0時に自著をアマゾンで注文してください」

と自分のメールマガジンの読者に頼んだ、という話を読んだことがある。注文を集中させて、ランキングを上げる技らしい。確かメールマガジンの読者は数千人規模で、何人それに協力したか知らないけど、ジャンル別十位以内に登場した（瞬間風速）と言って喜んでいた。それを読んだときは、そりゃ著者も大変だと驚いた。

この技について読んでいたので、ランキングを上げるには結構な購買人数が必要なんだと思い込んでいた。

けど、うちの本の動きはどうにも謎だ。まあ、下がるほうは謎でも何でもないけど、ほんの数冊納品しただけでバーンと上がっていることもある。

おそらく、上位何冊かの評判の本は、実際めちゃくちゃ売れているんだと思う。だから、上位の本は、ひとつランクを上げるのに結構な売上を必要とする。

あと考えるに、書店にないような既刊本をネットで買う人は、意外と少ない。だから一冊買われただけで、百番くらい平気でランキングが上がるのかもしれない。

よく「オンライン書店の売上がどんどん伸びている。業界全体の売上の何パーセント」というような記事を目にする。出版年鑑だかデータブックだかをもとにしていて、紀伊國屋書店との比較などもされる。ほとんどが、「ますます増える。リアル書店を食っている」という論調だ。

そんなに売れてるのか。みんな、そんなにオンライン書店で買うのか、と思う。

ネットで知り合う人の多くが、

「行ってもほしい本があるとは限らないから、もうリアル書店には行かない」「地方に住んでて大きな書店がないから、ネットのほうが探しやすい」と言う。それを聞いたときは、なるほどなと思った。世の中の大半がオンライン書店で本を買っていると思っちゃいそうなくらい、そういうコメントは多かった。

けど中には、散歩がてら書店に行くより真っ昼間からブログサーフィンしてるような人もいる。だから、言葉どおり受け取っちゃダメなんじゃないかと思う。昔、「インターネット利用状況を調査したところ、百パーセントという結果になった。なお、調査はインターネット上でアンケートに答えてもらった」っていうジョークがあった。あんな感じじゃなかろうか。

書店で取り寄せようとして挫折した人が、オンライン書店ではすぐ入手できたと、やたら大げさに喜んでるんじゃないか。だからいかにも、リアル書店の客がほとんどアマゾンに流れたように錯覚してしまう（私だけですか、そうですか）。

ちなみに私個人は、オンライン書店はあまり好きじゃない。とはいえ、どうしても買いに行く時間がないときには使う。

まず、本を手にとって見たい。そりゃ書店で買うときも、取寄せだったら実物を見ないで注文するわけだけど、そういうときは別の楽しみがある。オンライン書店では、表紙画像やら書評やらを見せられて、楽しみ感が減る。おススメとか、「この本を買った人はこっちの本も買いました」系の売り文句も、大きなお世話だと思う。

知らんぷりして棚の整理をしてる本屋の店員さんのほうがいい。本を選んでいるほうも、選んでいる時間そのものを楽しめる気がする。

大手以外の取次の謎

トーハンと日販で口座を開設したとき、その話を持ってきた松ちゃんがどこかから仕入れた情報があった。トーハン・日販の大手二社で取引を始められれば、その他の取次も数珠つなぎでOKになるらしいということ。

一冊目の『J検』を出してちょっと落ち着いたとき、調子に乗って次は業界三位四位……と勇んで出掛けていった。ところが、三番目の大阪屋では、少々勝手が違った。

「本当に（本を）出し続けられます？」

大丈夫と太鼓判を押したつもりだったけど、担当者は首を振るばかり。もう様子はわかっているからと高を括って、松ちゃんをつれていかなかった（私の押しでは弱かった）からかもしれない。

おまけに、計算書を作れるかどうかと尋ねられた。当時は出版経理の面倒くささなんか知らないから、失礼だなあと憤慨した。こっちで作って送るのかときくと、

「そうですよ。うちは大手さんと違って、計算書は送りませんよ。請求書なしでは支払いません

し。大変ですよお。間違えないで請求たてられます?」

なんだよ、請求書くらい作れるに決まってるじゃん。送るのは全然構わないけど、言われ方にムカつく。が、もちろん黙っている。

トーハンと日販の計算書は、何も言わなくても向こうから送られてくる。で、そのとおり入金されている。

ようするに、あんたのとこで計算書を作るシステムが組めないから、出版社に作ってもらってるだけだろと思う。が、当然それも黙っている。

でもとにかく、取引開始はダメだった。出鼻をくじかれて、その他の取次に申し込むのもやめてしまった。

最初に取引を開始してくれたのがトーハンなので、うちでは他の取次への注文納品はトーハンに持っていくことになっている。ちょっと長くかかるだろうけど、大手二社と取引のない本屋さんにも、トーハンを経由して本はちゃんと届く。

だからたいした問題も起きなくて、他の取次のことはしばらく忘れていた。

アマゾンから、大阪屋と取引がなきゃダメというメールを受け取って、その問題を思い出した。

「これからはオンライン書店の時代だ。その中でもアマゾンが急先鋒だ。アマゾンとの取引を真剣に考えない出版社はダメになる」

当時、そんな記事をあちこちで目にした。実際のところはどうなのか全然わからない。多少大げさ（ネット寄り）なんじゃないかとも思ったけど、なんとなく気になる。

そう思っていたら、大阪屋から注文の電話が入った。書店からの注文と同じく、搬入日を尋ねられた。

「今度の火曜日にトーハンさんに搬入します」

「え、トーハンさん？　うちとは取引いただいてなかったんですか？」

意外そうな反応が返ってきた。

そうか。もう三冊も出したんだし、出版社だと認識してもらいつつあるってことだな。また取引申込をしてみようか。そろそろ大阪屋も不便を感じている頃かもしれない。だったら今回はOKだろう。

再び申し込んでみたけど、ダメだった。何が気に入らないのかわからない。同じ担当者だったから、前回の私のムッとした（ことを隠そうとした）顔を覚えていたのか。

他の取次もあたってみようかと思ったけど、今回の目的はアマゾンだから意味がない。それに考えてみれば、取次を増やしたら搬入先も増える。原チャリであちこち行くのも面倒だと思って、またやめてしまった。

三冊目の『あるばむ』が出て、ＰＲもしたんだけどどこかに出るということはなくて、あちこち売り込み先を探していた。

都心の大きな書店じゃなくて、地方の小さい本屋に行く爺さんなんかに買ってほしい。高齢者向けの本なんだから、老人が多そうな田舎の本屋さんにアプローチする方法はないだろうか。

ある日、インターネットの巨大匿名掲示板「2ちゃんねる」の中の、出版業界人が集まる掲示板を見ていたら、地方小が云々と書かれていた。どうやら、地方に卸してくれる取次会社についての話題のようだった。調べてみると地方・小出版流通センターという会社らしい。

おうっ！　うちは小出版だ。おそらく日本で一番小さいぞ。おまけに、扱ってもらいたいのは地方向けの本だ。これはきっと（気に入ってくれて）取引してくれるに違いない。

すぐに電話してみた。おじさん（今思うと社長）が出た。取り扱ってほしいと言うと、いろいろ質問してくれる。書店営業と違って、なんか親身に話を聞いてくれる感じ。勢いに乗って、地方の老人がとても喜んでくれそうな本であると熱く語った。

ついでに、ひとりで頑張っている出版社だとうちの状況をアピールすると、ますます親身に聞いてくれる。

「で、取次口座は？」

来た来た。この業界では、大手取次口座の有無が信頼度に多大な影響を及ぼすことは、既に承知。胸を張ってトーハン・日販だと答えた。

すると、

「うちは、取次口座を持たない版元さんと取引してるんですが」

何？

「大手さんと取引のある（ような、いっぱしの）版元さんとは取引しないんです」

「でも、うちもものすごく小さいんです。私ひとりでやってるんです。たまたまトーハンがＯＫしてくれたので日販もＯＫになったんですけど、配本数も少ないし、絵に描いたような小出版社なんです」

必死で説明したけど、ダメ。

後になって、地方・小出版流通センターが果たしている役割について、ちゃんと知った。発行部数の少ない本も全国どこにでも届くようにするとか、地方の出版社の本を全国に流すとか、大流通に乗らない名著をきちんと読者に届ける云々。文化的寄与がどうのこうのという記事もよく読んだ。おそらく、この会社に世話になっている出版人も、すごく多いと思う。

でもこのとき、東京の真ん中にいる小出版社で出している発行部数の少ない本を、ぜひとも扱ってもらいたかったのだ。

大手と取引があるだけで、充分ありがたいのはわかる。でもうちなんか、大流通側からすればみそっかす。一方、志の高そうな「地味だけど存在意義は大きい」みたいな世界からも相手にしてもらえない。

メジャーとマイナーの隙間、ニッチの極地である。なんか、悲しくなってしまった。

装丁の工夫

原稿を作って装丁を考えてデータを作って印刷所に頼んで少しだけ営業して見本を納品してPRをすると、一冊でき上がってホッと一息つける。そして、また次の本。四冊目くらいから、ようやくその繰り返しが定着したように思う。

松ちゃんの資格本の出版計画なんてものも過去の話になって（取次様、こだわってたらごめんなさい）、あまり気にならなくなってきた。数少ない経験だけど、半年かけて一冊作るというスケジュール感覚も、なんとなく生まれつつある。それまではただがむしゃらだったのが、ちょっとこだわる余裕が出てきた。

装丁である。

個人的には、文章量の多い本がお得感があって好きなので、出版業を始めるまであまり本の外見を気にしたことがなかった。そんなふうだから、自分でDTPを全部してカバーも作った『あるばむ』でさえ、何というポリシーなしにそのへんの本の体裁を真似た。

別にマーケティング的な技を知ってるわけじゃなし、出版社としてのこだわりがあるわけでもない。タイトルをもう少し上に寄せようかとか、全体の色の使い方はどうしようとか、ただ見た目の収まりをあれこれいじっていた程度。絵を描いてくれた南川さんともあれこれ検討したけど、彼も似たようなもんだったと思う。

それでも、装丁デザインは営業なんかより百万倍楽しい。原稿がある程度まとまってくると、いよいよカバーデザインでもするかと、ワクワクしてマック（原稿いじりはウィンドウズのパソコンを使う）を立ち上げる。

納品の旅も楽しい。が、もともとの趣味を活かして、こうしようああしようとマックをいじるのは、本作りの一連の作業の中では一番楽しい。


自分でカバーデザインを全部するようになって最初に困ったのは、バーコードである。カバーの後ろ側に印刷されているコードで、これがないと流通させてもらえない。レジ打ちの本屋さんもまだあるかもしれないが、取次を通す正常ルートではバーコードは必須だ。

『あるばむ』も、さすがにバーコードだけはデザイン会社の田村さんを頼った。それまでと同じく、

「今度の本のISBNナンバーはこれです、よろしく」

とナンバーを知らせて、作ってもらったのである。が、どうせ全部自分でするなら、バーコードも作ってしまいたい。そうしたら、他人を一切頼らなくて済む。

頼らなくて済むのはいいんだが、急に面倒になった。

まず、バーコードを作るために必要な、チェック・デジットという数字を計算をしなければな

らない。計算方法は、ＩＳＢＮコードを取得したとき日本図書コード管理センターからもらったマニュアル「実施の手引き」に書いてある。このセンターのホームページで、検算もできる。ただ、そこにはチェック・デジット「計算」ではなくて、「検算」と書いてある。ここで計算しろと言わないところに、間違ったときの責任を回避するぞという思惑が透けて見える。システムにバグがあって、見本納品でダメ出しをくらったら大変だ。しょうがないから一応自分で計算して、おっしゃるとおり検算に使う。

ただ、その計算ができてもバーコードそのものは作れない。

日本図書コード管理センターからもらったマニュアルには、でき上がったバーコードの印刷位置や大きさなどが詳しく説明されている。どんな本でも、同じ場所に同じように印刷されてないといけない。売るときや棚に差してある本の管理をするとき本屋さんが便利なように、ということらしい。

でも、バーコードそのものに関しては、流通で不具合が生じないように注意して作れと書いてあるだけ。専門の業者に作ってもらうと安心とも書いてある。が、専門の業者なんかに頼んでいては、結構な金がかかるに違いない。後になって、実際はコード一通で二千円程度だと知ったが、マニュアルに専門業者のリストまで載っていたので、もっと高いもんだと思い込んでいた。

業者に頼むのが嫌でちょっと調べてみると、バーコード作成ソフトというものが売られていた。が、こちらも十万円以上する。半年に一回しか必要のないものに、そんな金を使うのはバカらしい。

さらに調べると、マック用のフリーソフトを集めたサイトで、いくつかそれらしい物がみつかった。それぞれチェックして、イラストレーターのプラグイン（追加機能）のソフトを使うことにした。ただである。

四冊目のとき、この無料ソフトを使ってバーコードを作った。二本のバーコード（書籍ごとのコードと、価格を読み取るコード）ができ上がったけど、なんか不安だ。一旦流通させた本に不具合がみつかると、本を回収するだけじゃなくて取次に罰金を払わないといけないらしい。刷り直しもしなきゃならない。なんとかその前に、問題ないか確認したい。今は、携帯電話にバーコードの読み取り機能がついてるけど、当時はそんなものはない。

どうしよう。配本してもらって書店で読み取れなかったら大変だ。前もって大丈夫かどうか確認したい。

ちょっと考えた末、馴染みの酒屋を頼ることにした。うちでバーコードだけプリントした紙を持って、出掛けていく。

「ちょっとお願いがあるんですけど。これ、レジで読んでみてくれません？」

「いいよ。（ピッ）　上の（書籍ごとのコード）は商品名出ないよ、４９・・・ってコードだけ出る」

「そうですか（番号はバッチリ合ってるな）。下の（価格のコード）も読んでみてくれます？」

「（ピッ）　九百五十三円って出るよ」

OKだ。ビールを買って、礼を言って、酒屋を後にする。

もうひとつの問題は、OCRフォント。バーコードの横に書かれているISBNコードなどの書体である。このフォントがない。これまた、半年に一回しか使わないものに金を使いたくない。このOCRフォントは将来的には必要なくなるんだが、そのときは必須だった。

しょうがないので、デザイン会社の田村さんからもらった『J検』と『福祉の仮面』のカバーのデータを開いて、数字を拾う。ISBNコードの十個の数字が二冊分。Cコードと呼ばれる分類コードも、価格コードも二冊分ある。ラッキーなことに、0から9まで全部揃った。これをとっておいて、本が出るたびに並び替えて使うことにする。

やったね。一銭も払わずに、流通に必要なものもクリアした。後は私が好きなようにデザインすればいいわけで、こちらも当然、金はかからない。


次の問題は、消しゴム作戦の対策。一度流通させてもらって悲しくも返品される本は、そのままでは汚らしいゴミの束だ。これらの返本をきれいにしてカバーも巻き直して、再度の出荷に備える。業界用語では改装というと後で知った。親切な人に、消しゴムじゃなくて紙やすりを使ったほうがいいということも教わった。

消しゴムだろうが紙やすりだろうが、きれいにしなきゃいけないのは同じ。返品が多いので、結構な作業量になる。

初めて書籍専門の印刷会社に刷ってもらったとき、新刊委託配本の残り（刷り部数は配本数より多い）と一緒に、カバーやスリップの予備が届けられてビックリした。本体はＯＫでもカバーが傷んでいることが多いんだが、これだけ予備があったら泣く泣く本体を捨てずに済むと喜んだ。で、しこしこ予備カバーを折るんだが、実に折りづらいのである。最初に本の背表紙の部分を合わせて、それから両方の袖を折ってみた。これが、なかなか難しい。微妙に左右にずれたり、本体の幅と合わなくて、きつくなったり緩くなったりする。折り目が付くのでやり直すわけにもいかない。（実は、背表紙からではなくて端から巻き始めると、比較的簡単なんだと最近気づいた。製本所を変えたら、予備カバーの片方の袖だけに折り目が付いていて、ようやくわかった）

よし、カバーは折りやすいように作ろう。といっても、印をつけたら変だ。だから、背表紙だけバックの色を変えたり、写真の中の目印を折り目の上に持ってきたりして工夫する。

そうやってデザインしたカバーは、やっぱり折りやすかった。

「これは、高いデザイン料を取ってるエラそうな装丁家なんかには思いもよらない、極意だな」

そう思って一人でニヤけていた。多くの出版社が、流通倉庫と呼ばれる業者に改装作業を委託しているなんてことは、まったく知らなかった。いい気なものである。

ポリシーの芽生え

消しゴムで本体をきれいにして、新しいスリップを入れて、新しいカバーを巻くと、実は結構疲れる。一度に数十冊改装するから、最後の詰めであるオビ（カバーのさらに外側に巻かれている細長い紙、腰巻とも言うらしい）を巻く頃には、嫌気がさしている。

オビがなければ、消しゴム作戦も時間短縮できるんじゃないか。そこまで考えたら、次々と疑問が浮かんできた。

そもそも、なんでオビがついているのか。個人的には、読むときに邪魔なのですぐ捨ててしまう。物をとっておくのが嫌いなので蔵書は少ないが、オビもとってある本は一冊もない。読者としての私は、オビ嫌いなのであった。思い返してみると、本屋さんで買うときも、オビの宣伝文句を見て買う気が失せることもあるくらいだ。

特に、何万部突破！　とか書いてあると、後からブームに乗るようで、絶対買うもんかと思ってしまう。どうしても読みたいときは、忘れられた頃に買う（ただの自意識過剰）。

映画とかドラマになって、俳優の写真がついているのも嫌だ。映画につられて本を買うみたいで嫌だし、監督とか俳優なんかに興味はない。著者が直接世に出したものだけを買いたい。

オビには宣伝文句（だけ）が書いてあるんだと、再認識した。だから、カバーとは別になってるんだ。

その頃どこかで、「新潮社装幀室の本が好き」という一般読者のコメントを読んだ。私もなんとなく記憶にある。二ページ目くらいの下のほうに、そう（わざわざ）書いてある本。改めて何冊か見てみたけど、どこがその人を惹きつけたのかよくわからない。まあ、人の好みなんてそれぞれだ。が、ひとつだけ「私は気に入らない」ことを発見した。

オビを取ると、カバーのその部分はただの無地なのである。下だけ妙にスカッとしてて、なんとなく収まりが悪い気がする。オビで隠れる部分にも、何かあってほしい。バランスが悪いと言うべきか。

最初は、ビジュアル的に気に入らないなあと、単純に思っていた。が、オビをつけることがあまりにも当然で、カバーのその部分にかける労力を省いちゃったんじゃないかと思えてくる。宣伝文句が書かれてるだけのオビなのに、この先ずっと本にくっついてる（読者がくっつけといてくれる）ことが当然といった感じでデザインされている。

後から学んだところによると、昔はオビは、買ったら外されることを前提に作っていたらしい。装丁デザイナーでなく編集者が、写植を切り貼りして作ったんだそうだ。二十年くらい前から、オビもだんだん装丁の一部になって、デザイナーがカバーと一緒にデザインするようになった。一緒にデザインするということは、オビがついた状態のカバーだけをデザインするってことだろう。

オビひとつで出版社の考えが見えてくるもんなんだなあ。そう思って、自分がそれまでに出した本について思い返してみた。が、まったくポリシーが感じられない。いや、ポリシーが感じられないのは、ジャンルも価格帯も何もかもそうだった。他の出版社に文句をつけている場合ではない。

もっと出す本の細部にこだわるべきかも。そうだ、本って後々まで残るものだし。第一、うちの金で作ってるうちの本じゃないか。

まずはオビだ。

調べてみると、オビがあったほうが売れると言い切っている営業マンもいる。が、この話には、売れない理由を制作側に転嫁しているという反論もくっついている。

オビで他の本のオビを傷めてしまうことがある、そう言う書店員もいる。これは聞き捨てならない。他人（他社の本）にいらん迷惑はかけたくない。

オンライン書店ではオビに書かれている文句を本の紹介などのデータにするので、オビは必要だと教えてくれた人もいた。これは結構気になった。が、後になって、オビでなくても本のどこか（袖とか）に書いてある文章を勝手に使ってくれるのだと判明した。前に書いたように、オンライン書店には謎が多い。こっちが送った書誌データを使わずに、勝手に作文してくれるところもある。

古本屋に持っていくとき、オビがないと売値が安くなるとの情報もある。が、そんな人の心配までする必要はなかろう。そもそも、最初からないものなら問題はあるまい。

オビについて調べる目的でいろんな本を読んでいたら、ベストセラーが生まれる過程についても読み直すことになった。まず、この人たちなら買って読むだろうと想定した読者に買ってもらえるよう、きちんと営業する。そういう読者に行き渡ったら、次にもう少し読者層を広げる。ミリオンセラーなんてものはもっと広げて、普段は本なんか読まない人も買うようにならないと達成できないそうだ。で、その過程でいろんな宣伝もするし、オビの文句も変えていくらしい。

うちの課題は、最初の「想定した読者にきちんと行き渡らせる」ことに尽きる。まだ、その後の段階を考える余裕はない。余裕というか、資格もないとさえ言えるかもしれない。

それなら、煽り文句がついているオビにこだわらなくても、本体とカバーに力を注げばよかろう。売れて増刷するときに、読者層を広げる目的でつければよかろう。

半分素人なりにごちゃごちゃ考えたけど、納得のいく結論は出ない。そりゃそうだ、出す本のタイプによっても、答は違う。ただ、あまり必要がないときには、オビなしで行こうと心に決めた。ようやく生まれた、うちのポリシーだ。

ところで私は、出版に新しい息吹を！　なんてことはあまり考えない。ネットの活用にも、オンデマンド出版にも、メディアミックスにも、ほとんど興味はわかない。

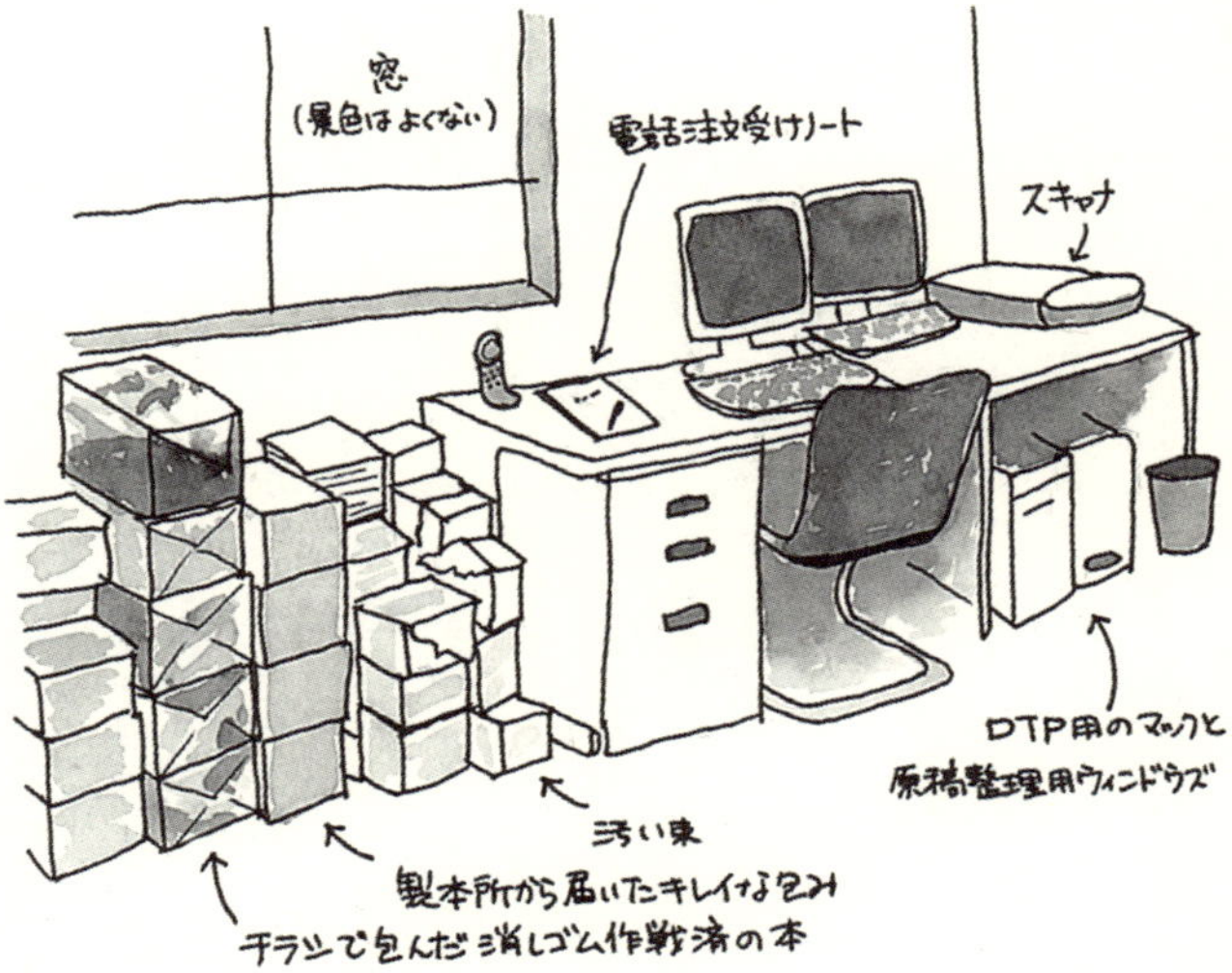
窓
（景色はよくない）
電話注文受けノート
スキャナ
DTP用のマックと
原稿整理用ウィンドウズ
汚い束
製本所から届いたキレイな包み
チラシで包んだ消しゴム作戦済の本

インターネットには出版を始める前にも少し関わっていたので、多少の知識はあった。出版業を始めたとき、それを活かせと言う人もいたけど、なぜか食指が動かなかった。当時はネットバブルで、それっぽい雰囲気を敬遠したい気持ちが影響していたかもしれない。

取次を使わない販路や、既存の常識を打ち破る商売の方法（何を打ち破れるのか知らないけど、業界新聞の見出しなんかでたまに見る）についても、試してみようとは思わない。

そう言うと、確固たるビジネスポリシーがあるように思えるかもしれないけど（思えませんか、そうですか）、ただの腑抜けなのである。売込みなど、何らかの営業活動が必要そうだと想像するだけで、それを避けたい気持ちが働く。

それでも白状すると、他業種からの参入という気負いは多少ある。昔ながらの出版業にちょっと憧れつつ、業界の常識とは多少ずれる（常識やぶれとまでいかず、かつ苦労を伴わない）程度の新しいことは、してみたい気がする。オビなし本も、心の底ではそういう気負いもあると、認めざるを得ない。

特に、出版を始めて二年を過ぎた頃は、そういう気持ちが強かった。四冊目を作ったとき、それで大失敗をした。

四冊目は新社会人向けのビジネスマナーの本で、うちとしては非常に安く抑えたつもりの税込千円という価格をつけた。キリもいいしお得感も少しはあるだろう。ワンコインとまでいかないけど、千円札一枚だ。

本体価格を計算すると、当然一円未満の端数が出る。確か、消費税は切り捨てても切り上げてもいいはず。よし、「うちは切り捨ててあげてますよ」というサービス精神を示す、いい機会だ。本体価格は九百五十三円で決まり。

ところが見本納品のとき、トーハンの仕入部の人（体育会の次の担当者。ちなみに体育会は出世して、うちの担当からは外れた）がふと席を立って、電卓を叩き出した。何度も計算している。なんだよ、なんだよ。おそらく切り捨て切り上げの問題だと思うけど、どっちでもいいんじゃないんかい。

「これ、本体価格違いますよ」

「うちは、消費税は切り捨ててます」

「でも、先に本体価格を合計する書店さんで二冊買うと、税込で二千一円になっちゃうんですよ」

いいじゃん。合計が高くなるような計算方法をとってるなんて、その書店がケチだっていうだけじゃん。そうは思ったけど、なにしろ小売業にも縁がなかったので、絶対ＯＫと言う自信もない。

どのみち、ムカついてもしょうがないらしく、見本は突っ返されてしまった。その足で印刷会社に戻って、急いでカバーを刷り直してもらう手はずを整える。もちろん、余計なコストがかかるわけで、悔しいやら悲しいやら。

今になって考えると、全国どこでも一律の価格で売られる再販制度とやらと、関係する話なのか。再販制度っていうのは、割引して売らないという取り決めだとばかり思っていたので、消費税のことまで頭が回らなかった。

いや、回らなかったというより、消費税は売る人の勝手だと思い込んだところに問題がある。いろんなことで足並みを揃える業界だと知りながら、自分も揃える必要がある問題かどうか、あえて調べなかったせいだ。

それだけじゃない。総額表示のことで頭がいっぱいで、本体価格を入れ忘れたこともあった（ハイ、五冊目です。毎回いろんなことを学んでいきます）。

前もって、日本書籍出版協会から「消費税の総額表示への対応について」というガイドラインの手紙をもらっていた。それにはちゃんと、本体価格を表示せよと書いてある。けど、すっかり忘れていて、このときも取次の仕入窓口で突っ返された。

これは忘れていた私が悪いんだが、なんで忘れてたのか、今考えるとやはり気負いのせいだと思う。もちろん無意識なんだけど、必死になって出版業界の動向をみつめるより、自分とこの商売のことだけ考えてればいいじゃんという感覚があったんだと思う。

出版業界は、一団となって総額表示に抵抗していたらしい。税制等対策特別委員会というものを作って、「本は長い年月にわたって流通し続けるもので、税率が変わるたびに総額を表示し直すのは大変すぎる」と主張を繰り返した。

けど、そんな運動には入れてもらってなかったし、人生どっぷりこの業界でなかった私は、とにもかくにも業界の主張に同調するって気にもなれなかったのである。法律で決まったんならしようがない、あの政府を選んだのは自分たち。

海外の現地雇いが長いと、業界全体と政府の交渉なんてものには疎くなる。帰国後も、業界としての主張なんてうちの事業規模ではどこ吹く風。足並みを揃えることの重要さを忘れているというか、結局自分たちのためという頭になってなかったのである。

世の中みんな総額表示なんだからさあ、くらいの認識しかなかったから、日本書籍出版協会からのガイドラインのことをすっかり忘れていた。またまた刷り直しである。

印刷会社のお兄さんには、

「次は前もって仕入部に見せに行ったら」

とまで言われて呆れられた。（当時は笑われてるとは気づかずに、そうか！　と膝を打った）

失敗をせずに常識からはみ出すのは難しい。さすがに最近は、そんなおこがましいことを考えるのはやめた。

ただ権利だから取次口座を大事にするんじゃなくて、せっかくなった出版社を大切にしよう。出す本の内容や装丁、その他いろいろにこだわろう、その結果出版社としての個性を作っていこう。そういう気持ちはこの頃生まれたんだと思う。

ギョーカイ

はじめのうちは、実際に取引のある取次の人とか印刷会社の人以外、出版業界には誰も知り合いがいなかった。他の出版社の人も知らないし、フリーの編集者やライターの人も知らなかった。出版業界では、人脈がモノを言うし顔を売っとくのが大切だと、いろんな本に書いてある。どこで何が生まれるかわからないという意味で、その大切さはわかる。人脈があればチャンスも広がるだろう。けど、人脈のための人脈作りとなると、少々抵抗がある。

私の自己分析では、出版界について本で勉強したのが、ちょいとよくなかったと思っている。本は情報を得るにはいいけど、他人行儀だ。当たり前だけど、不特定多数の人に向けて書かれている。大きな教室で講義を受けていて、黙ってひとりでノートをとっているような気分だ。

「ふん、人脈ね。そんなこと言ったって誰も知らないし、しょうがないじゃん」

と考えてしまう。他にも、業界人のインタビューや対話などの本で、お互い知ってる人について盛り上がってたりすると、

「けっ、身内ネタのマスターベーションかい」

と思ってしまう。(自分が誰も知らないので、いじけてひねくれるのである)

実際のところ、うち規模だとちょっと話が違う。チャンスが広がるというより、まずはマイナ

ス部分を補うために必要と感じる。書店営業や出版の経理なんて、出版社にとっては当たり前の業務だ。本屋さんは朝は忙しいとか、経理の伝票はこう書くとか、知ってる人間がそばにいたらどんなに楽だったかと思う。同業者仲間という人脈の話以前に、何か疑問があるとき教えてくれる人がいたらいいなと、常々思っていた（今も思っている）。

それでも、三冊目の『あるばむ』制作中の頃から、会ってくれる人がちょろちょろっと出てくるようになった。幸いなことに、出版に携わってる人のほとんどは東京にいる。業界の人々の名刺も、少しずつ増えてきた（人脈と呼べるほどではないが）。

実は愉快な人が多いということも、だんだんわかってくる。本で読むんじゃなくて直接知り合えると、全然イメージが違う。あるところで知り合ったライターさんもそうだった。私が想像していたような「ギョーカイ人丸出しの軽いヤツ」ではなかった。

ある日、複数の業界人と飲む機会（ほら、文章にすると自分が書いたものでさえ、ギョーカイっぽくて排他的じゃないか）があった。昔出版社をしていた人と、出版社で営業をしている人と、有名な雑誌に携わっている人。みんな、ずっとこの業界らしい。

私が知らないと自覚して無視していることが、身近な話題としてボンボン出てきて圧倒されてしまう。取次と大手書店の関係とか、書店や出版社の裏事情とか、担当者の噂話とか。同じ内容の情報を本で得ていたら、以前と同様、

「知らんわ、そんなもん」

と思ってしまうところだ。知り合いになれた人の口から直接聞く話は、素直に聞けるのである。根が野次馬なので、へえーっ、ふーんと、身を乗り出して聞いていた。

が、どんどん飛躍していく話を聞きながら、少々自分とは違う人種と思わなくもない。

「出版の会計は税務署もよくわかってないから、やりたい放題だよね」

そうなのかなあ。よくわかんないけど、そんなことないと思う。企業にとっちゃ、やっぱり警察より怖いのが国税庁（うちは税務署）だよな。

「資金に困ると、納品したことにして受品口で頼むよって言って受領印だけもらって、その伝票を経理に持っていくと、取次は払ってくれたんだよ」

そういう裏話は、出版業界に関する本にもいろいろ書いてある。けど、助かったかもしれないけど、そりゃ企業倫理に反する話じゃなかろうか。

この業界はやくざな商売だからとか、この業界には怪しい人が多いと、自嘲を装って自慢する人はいろんな業界にいる。私は決してカタイ人間じゃないけど、そういう会話はあまり好きじゃない。本当に怖かったり怪しかったりする人たちはどこにでもいるのに、と思うのだ。

このとき一緒に飲んだ人たちは、それほど擦れ枯らしみたいな感じではない。けど、悪いとかダメだということをことさら面白がるところに、ちょっと同じ根っこを感じる。

彼らのすぐ後に知り合った別の業界人も、感じはよく似ていた。続けて会ったせいか、出版業界に棲む中年は不真面目を売りにしてるのかとさえ思ってしまった。

何より、倒産を屁とも思っていない。出版は水物だからというひと言で、居直ってるように聞こえる。ケツを捲るにしても、他人にかけた迷惑が大きければ大きいほど大物だ、そんな思いが透けて見える。自分は博打うちだと自慢しているようにも聞こえる。

ちなみに私はギャンブル好きだし、相場を張るのも好きだ。水物だからって敬遠するわけじゃない。出版にはリスクは付き物という理屈もわかる。

始める前は、本は簡単に売れるものだと誤解していて、一発当てたいとも思っていた。始めてすぐの頃は、一発当てられず、裏技も知らず、細々と営業してる自分を極小出版社の甲斐性なしと思った。

けど、彼らを見ていると、業界の人たちって、まるで違う世界に住んでるみたいだ。言葉の商売だから数字に弱いんだろうか？　経営の本を出しながら、「経営がどうのこうのとは離れたところで商売するのが出版的」みたいな感覚があるんだろうか？

もちろん、すべての出版業界人が彼らと同じじゃってことはないだろう。でも、こういう人が多いんだろうか。

多少のショックは受けたけど、一緒に飲んでいると楽しいし、話を聞くのもためになる。彼らに会社経営について教わるわけじゃないし、何であれ新しい世界は興味深いということで、まあよしとしよう。

自分で原稿を書くことには当然限界があるので、やっぱり著者探しをしなくちゃいけないと思っていた。

けど、声をかける前に、いくらくらいで書いてくれるのか知りたい。うちの予算は少ないが、少ないことを理由に無理な発注をするのは嫌だ。第一、請けてもらえないだろう。あまりにも高いようなら諦めるしかない。そうなったら限界があるなんて言ってられないけど、まずはギャラの相場を知りたい。

とりあえずインターネットで調べてみたが、さすがに自分の原稿料を具体的にさらしている人はいない。有名な作家は原稿用紙一枚で数万円も請求するなんて話もあったが、これは雑誌か何かのことらしい。

一般的に、単行本の印税は十パーセントらしい。けど、本当にそれだけで書いてくれるのかと疑っていたら、部数保証というものがあるのだとわかった。本体価格の何パーセントという印税率は、上下してもたかが知れている。その代わり、何千部何万部刷らないと書かないという条件を出す著者がいるらしい。

その、何千部何万部というのが、いったい何千部なのか何万部なのか知りたい。五千か、八千か、一万か、三万か。ちなみに本体価格が変われば印税額も変わるけど、価格保証ってのはないんだろうか。

とにかく相場を知るいい方法はないかと探していたら、ライター仕事を斡旋する組織のホームページに行き着いた。

四千人を越えるフリーのライターが会員になっている。その多さにビックリしながら、何人かのプロフィールを見てみた。どんなジャンルが得意とか、仕事歴はこれこれと書いてある。けど、いくらで仕事を請けますよとは、誰も書いていない。

さらに見ていくと、メールマガジンがあった。ライターを探している企業などがホームページで依頼内容を入力すると、その情報が会員ライターにメールマガジンで届くらしい。依頼に手を上げられるのは会員ライターだけだが、読むだけなら無料で、誰でも申し込める。これに原稿料の予算とかが書いてあるだろう。そう思って登録した。

さっそく、仕事情報が送られてくる。毎日何通も送られてくる。その多さにビックリしてしまった。

けれども、私が知りたいことと、仕事内容が微妙に違う。企業のＰＲ誌とかネットの記事を書く仕事が多い。雑誌の記事の一部なのか、取材やインタビューをして文章を書くという依頼も多かった。何の媒体なのかハッキリせずに、「株式投資についての原稿が書ける方」なんて募集もある。世の中に、こんなに書く仕事が多いとは知らなかった。単行本執筆の相場のことは忘れて、面白がって読んでいた。

ある日そのメールマガジンで、「出版社とのつき合い方」というセミナーの案内が送られてきた。クライアントである出版社からの様々なクレームや、逆にライター側で納得のいかないケースの実例を話してくれるという。

これはいい！　話の中に、ギャラに関するいざこざも出てくるに違いない。業界の生の話もいっぱい聞けるに違いない。ライターじゃないけど参加したいと連絡したら、快くＯＫしてくれた。

当日は、おどおどと後ろのほうに座って話を聞いていたが、三十人を越えるプロのライターの熱気に気圧されてしまった。なんというか、自己アピールがすごいのである。質問するときも、自分がこういう仕事をしたときどうのこうのと、非常に細かく説明する。質問をクリアにするために必要なんだろうけど、状況説明だけで終わらない人が多い。トラブル事例との比較のために、うまくいった仕事について詳細にわたってレポートしてくれる人もいる。少々自慢話に聞こえなくもない。

おまけにセミナーが終わったら、みんなババッと席を立って名刺交換を始めた。どこの出版社だったか忘れたけどクライアント側の人も来ていて、その人の前にはライターさんの長い列ができていた。

私も勇気を出して、まずは主催者の人に挨拶に行く。聞いたこともない出版社だからか、仕事を依頼したことがないからか、実にそっけない。ま、しょうがない。

続いて、昔出版社を経営していたと発言していたお爺さんがいたので、その人のところに挨拶に行くことにする。現役より引退した人のほうが、なぜかとっつきやすい。

お爺さんは、懇意のライターさんと思われる人と談笑していた。白髪を後ろで小さなお団子に結って、伊藤博文みたいな長い髭をたくわえている。えらい個性的な風貌に、ストライプの入ったお洒落っぽい（でも流行ではない）スーツ。只者じゃなさそうだ。よくわからないけど、文化人とかいう人種か。

帰り仕度を始めたようなので、慌てて声をかける。

「あのう、私は最近突然出版社になってしまって、ひとりで本を出している佃と申します」

それがどうした？　ときかれたら困るなと思いながら名刺を出すと、

「そう、ひとりで。取次口座もあるの？」

ときかれた。地方小出版流通センターのことがあったので、あまり威張らないように、トーハンと日販だと答える。

「ほう、それは珍しい」

お爺さんは、俄然興味がわいたようだった。一緒にいたライターさんに挨拶をすると、私に場所を変えて話をしましょうと言ってくれた。

ドキドキしながら近所の喫茶店に行って、お爺さんと向かい合う。尋ねられるままに、取次口座取得の経緯を話した。お爺さんはしきりに珍しがる。

「で、どんな本を作っているの？」

今ではこの質問にも慣れて、場合によってはすぐに見せられるように、既刊を何冊かカバンに入れておくこともある。でも、このときはまだ外部の人と接する機会もめったになく、実物は一冊も持ってなかった。せっかくきいてくれたのに口で説明するだけなのは、非常にもどかしい。

「今度お送りするので見ていただけますか？　絵本は印刷所にも足を運んで、とてもこだわって作ったんです」

「ほう、印刷所に」

「はい、絵を描いてくれた人が色を見たいといって。あの、実は私自身は色合いでなくて、印刷工程の見学をしたかったんですが」

言ってしまった後に、こだわりと見学じゃずいぶん話が違うと思ったが、もう遅い。ところがお爺さんは、見学のほうに感心したようだった。

「あなたは資金的な理由でひとりで全部しているとおっしゃるが、それができるのは職人の素質があるということだ。出版というのは職人の仕事ですよ」

翌日、お礼の手紙と一緒に既刊を送った。どうせならいろいろ教えてもらおうと思って、成績不振の『J検』から四冊目のビジネスマナー本まで、全部送る。本について長いメールでやり取りをしているうちに、会って話すほうが伝わるということになった。

以後、

「〇日のご都合はいかがかな？　ジャズを聴きに都心まで出るので、その前にどこかで会いましようか」

「あなたの事務所が見たいから、久しぶりに佃島へ散策を兼ねて出掛けようと思うのだが」

という具合に、ときどき誘ってくれるようになった。私の本作りのペースは相変わらずだったので、いつも飛んでいって出版の話を聞いた。

お爺さんは、『チャタレイ夫人の恋人』猥褻裁判で有罪判決を受けた小山《おやま》書店の小山久二郎社長の長男だった。チャタレイ裁判事件は、昭和二十五年に起きた猥褻か芸術かといって世間を揺るがした出来事だ。が、私は文学史には疎くて、法律の本か何かで事件について読んだ記憶がある。憲法が保証する表現の自由と猥褻規制の関係についてだったと思う。

けど、その後出版元の小山書店は裁判が原因で倒産したなんてことは、お爺さんがくれた久二郎氏の回顧録『ひとつの時代』を読んで初めて知った。その本は、私がほのかに憧れていた昔ながらの出版の世界そのものだった。

若い頃のお爺さんは、文化的寄与一辺倒だった久二郎氏に対抗して、家を飛び出して他の出版社で修行を積んだ。何度か、母上に請われて戻っては小山書店を再建したと聞いた。

お爺さんが自分の過去を雄弁に語ったわけではない。そういう話は、私の出版計画（取次に提出したものでなくて、実際の）を見てもらったり、会計処理を含む経営的なことや本の売り方などについて教わったりするときに、少しずつ出てきた。

今考えても、すごく貴重な講義だったと思う。

プロの編集者のあるべき姿とか、出版営業はマーケティングの時代だとか、職種別なことを学ぶ機会は多い。実践できるかどうかは別としても、講義自体を聞ける機会はいくらでもある。

でも、そういう講義は学校で受ける授業みたいなもんだ。それぞれの先生は、国語とか算数とか、それぞれの科目しか教えてくれない。国語力も算数力もつけて一人前になるには、バラバラの知識を自分で消化して蓄えなければならない。でないと、ただの読み書きソロバン能力で終わってしまう。

お爺さんから聞く話は、ひとりの師匠にすべてを教わるという感じだった。編集・営業・経営というふうに分かれた授業を受けるのではなくて、出版業を営む道を教わっていたような気がする。

知り合って数ヶ月後のある日、お爺さんが何人かの前でチャタレイ裁判の話をするという集まりがあった。うちは猥褻裁判には縁がなさそうだけど、その話をまとめて聞いたことはなかったので参加した。話しているときに突然心臓が止まり、救急車で運ばれてそのまま帰らぬ人となった。

今でも、出版の恩師だと思っている。新刊を出すたびに、

「小山のお爺ちゃん、今度はこういう本を出します」

と、心の中で報告する。

小山のお爺ちゃん
まだ頑張ってます、
ありがとう

第四章　悩みは尽きない

出版で食べていく

三年が過ぎる頃には、他の仕事は徐々に整理して、出版にほぼ専念するようになった。ホームページ作りは世の中の需要が一段落して受注もなくなり、翻訳やちょっとしたシステム開発も意図的に減らした。

一番の理由は、出版の仕事のほうがしていて楽しいから。小野田クンと私だけのお気楽な会社なので、お互いしたい仕事をする。メイン事業がコロコロ変わろうが気にしない。

何はともあれ利益を追求するという時期もあったけど、最近は楽しくないことをしてまで儲けようとは思わなくなった。

そういうとカッコいいが、実は二人とも営業が苦手なだけ。新しい事業を始めて知恵を絞っていると、幸い少しずつ育ってくる。が、やり方によっては更に拡大しそうな時期というのが必ずやってきて、ほとんどの場合それには攻めの営業活動が伴う。その営業活動をきっちりとこなせば、会社の発展もあるかもしれない。けど、小野田クンと私はこれを避けてしまうのである。

ちなみに小野田クンも、システム開発から人材派遣業にシフトチェンジしていた。コンピュータ業界には三十五歳説というのがある。三十五歳を過ぎると、システムを作る第一線は退いて管理側に回らないと生き残れないらしい。頭脳も若いうちだけということらしいが、小野田クンが年齢を気にしていたかどうかはわからない。

私の場合、年齢的なものは大きいと思う。四十歳を過ぎて、我慢と苦労をして得た達成感にあまり魅力を感じなくなった。達成感より、嫌なことを避けて楽をすることのほうがいい。

そこそこで満足するのとは、ちょっと違う。ここで満足しろと、自分に言い聞かせるようなことはしない。満足に関して己を偽っていては、あのときもっと頑張っていればと後悔することになってしまう。したいと思ったら、苦労だって厭わない。けど、したくないものはしない。

『福祉の仮面』、『あるばむ』と、高齢者がらみの本を作ったことも影響していると思う。特に『あるばむ』のときは、取材で多くの高齢者と接した。

不幸そうな年寄りを見るのはつらい。ああ、若いうちにいい思いをしておかないとダメだな、と思ってしまう。

一方、幸せに長生きすることはすばらしい。けれども彼らの多くが、「ありがたいことだ。私の妹は、若くして死んでしまった。それに比べると私は幸せだ」と言っていた。比較の対象は、亡くなった夫だったり知人だったりする。戦争のときに失った友人のことを、延々と話す人もいた。

人間いつ死ぬかわからない。そう思ったら、嫌なことに人生を費やすのはやめようという気になる。死ぬときに、もっとああすればよかった、こうすればよかったと思いたくない。いろいろ理由はあるけど、とにかく好きなことをして食べていきたいということだ。

出版は楽しい。

企画を練って、原稿を作って、印刷準備（組版やカバーデザインなど）をして、新刊として出して、売るためにあれこれ動いて、そして納品にいく。返品を受けて、消しゴム作戦をして、もっと売ろうといろいろ試す。経理も、在庫管理もある。

たった一冊の本に、これだけ多様な仕事が関わっているとは、この商売をするまで考えもしなかった。それも、イベントや出張が絡むような営業や広告関連は抜きの話である。もちろん、雑誌の世界も知らない。それでも楽しい。まあ、売る部分は微妙ではあるけど、苦手な営業を抑え目に、その分は作った本人の思い入れを世間にぶつけるという方針（言い訳）で乗り切る。

ただ、仕事時間の大半を出版に費やすとはいえ、他の仕事を全部やめるわけにもいかない。出版で食べていくのは大変だ。

初期の本の成績はまったく情けないほどで、『J検』なんか返品率は九割に達した。その後少しずつましになってきてるけど、ようやく業界の平均（四割と言われている）くらいを目指せるようになった。

あるとき日販に呼び出されて怒られた。

「よくやっていけてますね」

悔しかったので、読者へ直接売ってる分も多いから平気だと口答えをした。（書店へ配本してくれる取次会社に向かって言う言葉ではなかったと、反省している）

実際、直販がなかったら苦しい本が多い。でも、直販が望み薄でも採算だけは取れるように努力する。

出版の本を読んでいると、企画書の例なんてものがある。著者が出版社の編集者に売り込むためのアドバイスで、タイトル、企画意図、読者層など企画書に必要な項目が並んでいる。場合によってはページ数もある。

私の場合、企画段階ではページ数はわからない。というか、なんでわかるのか不思議。枚数に合わせて書いてくれる著者もいるんだろうけど、ページ数なんか文字の大きさや行数で変わっちゃうじゃないか。

なので、本の原稿がある程度まとまってくると、とりあえず組版ソフトにテキストを落としてみる。すると、だいたい何ページになるかわかる。

で、印刷製本代の予算を決める。以前は印刷会社に見積りをもらわないとさっぱりわからなかったんだが、最近は並製なら四十万から六十万円、上製なら七十万までと勝手に決めている。だいたいの場合、せいぜいイラストや色など平面的なデザインに凝るだけなので、毎回同じ（高くない）紙を使う。印刷各社の単価を知ってるから、こっちで概算することもできる。

七冊目に『人情心意気』（三遊亭鳳楽著）という本を作ったときだけ、ちょっと凝ってみた。竹屋という紙問屋に出かけていって、カバーと表紙と見返し（表紙と中身を合体させている紙）の紙をあれこれ選んだ。一枚だけ買うときの単価がサンプルに書いてあって、これを控えておいた。

印刷会社が仕入れるときはもっと安くなるはずだけど、とりあえず高めの印刷製本予想額が出る。そうしておいて、自分なりの予算である七十万円に収めるために、再び竹屋に行く。凝った分の効果が出て（いかにも高そうで）、実は予算内という紙を選び直すのだ。このときはめちゃくちゃ楽しかった。

初版の部数は、千五百部から多くても三千部。初期の頃に在庫を処分して懲りたので、あまり多くは刷らない。

どのみち、千五百部だろうと三千部だろうと、あまりコストは変わらない。印刷や製本の工程の関係で、多く刷っても増えるのは紙代だけなのだ。だから逆に言えば、少ししか刷らないと一冊あたりのコストは上がる。

「単価を抑えようと思ったら、四千部は刷らないと」

知り合いの出版社の人は、自分とこの本を例にしてそう言っていた。うちは、単価が上がったって、構わない。在庫処分の精神的ダメージのほうが大きいから。

印刷製本代以外の大きなコストは、本体価格の十パーセントの印税だ。あとは、たまにイラストや題字や写真や解説なんかを頼むことがあるけど、これらはたいてい十万円以内に収める。というか、収まらないときは頼まない。予算と合わない人に無理やり頼むのは嫌なので、自分でしてコストを抑える。

編集代もＤＴＰ代もかからないから、これが総予算。原価は低ければ低いほどいい。原価が低ければ、採算分岐点となる部数も少なくて済む。

というわけで、ここで何冊売ったら元が取れるか計算する。取次会社を通して書店で売る分が何冊、直接読者に売る分が何冊。著者が有名か無名か、書店以外に売り先はあるかなど、本の性格によってその割合が変わる。まずはこの売れ部数目標を達成するべく、苦手な営業をすることになる。

比較的楽に達成できそうなときも、たまにある。例えばギリギリのコストで作った千六百円プラス税の本が、取次経由で五百冊、直販で五百冊売れるような場合。荒利が六十万円くらいになって私の給料も出る。それ以上売れたら儲けになる。

こういうときは、別の本の予算として儲けはとっておく。うちは他の事業もしているから厳密な資金配分をするわけじゃないけど、出版担当者として気持ちの上でとっておく。企画中の本を想像して、あの本は定価を低めにしたほうがいいとか、宣伝をしたほうがいいと思うときに使う。

こういうやり方をしていると、絶対にドカンとは儲からない。いっぱい刷らないと単価が下がらない（一冊当たりの儲けが大きくならない）し、宣伝のための予算をドンと切らないとたくさんは売れないから。でもドカンと儲けるための無理はしない。

「出版社なら、もっと営業マン雇うとか宣伝するとか、やることやってくれ」

取次会社からは、そう怒られそうな気もする。でも、十冊出して潰れるなとも言われている。細々とでも続けているほうが、潰れるよりはましだろう。

出版はマスメディアとどこかに書いてあった。マスじゃないと（多くの人に読んでもらわないと）意味がないとまで言う人もいる。テレビ・ラジオ・新聞・雑誌が、広告の四大マスメディアらしい。もちろん、単行本は広告メディアではない（広告は載せられない）。けれどそうでなくても、本はテレビや雑誌とは一緒にならない気がする。ベストセラーになって百万人に読まれる可能性もあるけど、全部が全部マスなわけじゃないと思う。

私は乱読なほうだけど、全然興味がない本だってある。例えば、昔のフランスの思想家がどうのこうのなんて、まったく読む気にならない。でもそういう本が、いい出版社と言われてる老舗から出続けている。私が読もうが無視しようが、たまに朝日新聞に広告が出ている。出ているということは、読者がいるということだ。マスじゃなくて、不特定少数の読者。本って、そういうもんなんだと思う。

そりゃ、何十万部も売れたら嬉しいけれど、千人の読者が喜ぶのだって嬉しい。今の私でできる範囲で構わないと思う。


いつか小野田クンがこう言った。

「出版で儲かったら、今やってる仕事やめて遊んでいい?」

冗談じゃない。あなたのほうこそ他の仕事でバカスカ儲けて、私に出版で勝負かけさせて(遊ばせて)ほしい。そのときにドカンと儲けるために、毎日少しずつ知識と経験を積んでるんだから。

取次の受品口と本社

納品に行ってると言うと、ビックリする人が多い。

「取次が受け取りに回ってくれてる出版社はいっぱいあるんだよ。都内でしょ? え、中央区? だったら回ってるって。何かの機会に取次に頼んでみなよ」

そう言われることもある。そんなこと知らなくて初めて聞いたときは、弱小出版社が虐げられてるというひとつの例なのかと思った。でも、行ってる本人は、虐げられてるという感覚はまったくない。

ひとつにはやっぱり、最初に提出した出版計画ほど本を出せてないので、取次により負担をかける要望は言い出しにくいこと。自分のことを棚に上げて、ああしてこうしてと言うのは嫌だ。条件変更の交渉をするなら、もっといい取引先になってからにしたい。

それに、返本にも手数料があるように、納品も取りにきてもらったら何らかの手数料を引かれるんじゃないかということ。取次じゃなくて、本を預かって出庫入庫（納品返品）を代行してくれる流通倉庫という会社があることもわかった。が、業者に委託すれば当然コストが発生する。一度どなたかに意外と安いよと言われたが、この人の「意外と安い」は、うちにとっては「意外と安くない」料金であろうと想像してやめた。

本なんて、一冊売れたって儲けはたかが知れてる。他人に頼めば固定費が増える。その点、私の給料なんて自分たちの会社だからどうにでも調整できる。だから私が行く。

実は、コスト云々よりも大きな理由がある。納品は楽しいのである。ぼけーっとしながら原チャリを飛ばす時間（もちろん運転には気をつけてる。何か考えてるような何も考えてないような状態のことなんだけど、運転する人、わかりますよね）は、結構ためになる。机に向かうと、どうしても答を絞り出す感じになってしまう。そうじゃない時間から、いろんなことが生まれたりする。第一、一回二時間くらいどうってことない。

さすがに毎週行ってると、受品口にも慣れてくる。

最初の頃は、運送屋さんが多いなと思ってたんだが、流通倉庫の人たちだとわかった。この人たちは、出版社や製本所から受け取った本を納品するだけなので、むっつりとただただ運んでいる。街で見かけるヤマトや佐川のお兄さんたちのほうが、よっぽどにこやかだ。ちなみに、流通途中で本が傷むのは、多くはこの人たちのせいだと思う。なにしろ、大切な商品という思いがない。自分が運んできた本はまだしも、それらを箱に入れるために他の本をパパッと動かしたりする。丁寧な扱いとは言いがたい。ただの荷物なのだ。

出版社から来ていると見受けられる人たちもいる。搬入専門なのか、黙々と納めている。華やかな雑誌編集者のイメージ（私の勝手なイメージ）からは程遠い、作業員っぽいおじさんたちだ。ワゴン車の後ろを開けて、これも渋い顔つきで納品している。たまにサラリーマンっぽい若い人もいる。何かのついでに持たされたというところだろう。もっとたまに派手なオバサンもいるが、五人くらいの小さな出版社の社長の奥さん（＝専務）じゃなかろうか。

トーハンには自転車で来る人もいて（さすがに王子の日販では見ない）、まるで昔の小学校の用務員のおじさんみたいに、影が薄い。私のように、我が物顔でトラックの列をすり抜けたりしない。ひっそりと自転車を停め、ひっそりと二、三冊手に持って納品している。

これはこれで、いらん想像を掻き立てられる。初老の用務員おじさんは社長の遠縁で、小遣い程度の給料で雇ってもらっている。かといって編集も営業もできないので、毎日文句も言わずゆっくり時間をかけてトーハンへ納品に行く。社長に迷惑がかからないように、とりあえず仕事を

しているという体裁を保っているのだ。（違ってたらすみません）
とにかく、みんな押しなべて無表情だ。

うちの場合、トーハンでは注文短冊をおみくじ棚で受け取るので、いちいちその場で感情が顔に表われてしまう。棚のところで、

「おうっ、こんなにいっぱいある！」

と喜んで、ささっと目を通しながら原チャリのところまで戻る。ところが持っていった冊数を上回る注文があると、またうちまで往復しなきゃならない（あるいは次週の納品になってしまう）ので、読みが外れて非常に悔しい。短冊を手に、ニヤけたり口をとんがらせたりしているんじゃなかろうか。（誰も気にしてないので構わない）

それにしても、注文短冊を一枚一枚本に挟むときが一番の至福のときだ。この瞬間のために、本を作ったり消しゴム作戦をしたり、暑くても寒くてもバイクを走らせているとさえ言える。自分で作った本なので愛着があって、客注なんて書いてあると、そのお客さんにお礼のメッセージを送りたいくらいだ。

数が少ないおかげで（だから自慢することじゃないんだけど）、いちいちどの書店からの注文からかチェックできる。大手のチェーン店は、黙ってても（つまり営業に行ってないってことだが）補充してくれる。

地方の聞いたことのない本屋さんだと、きっとどこかで目にしたお客さんに取り寄せを頼まれたんだなと思う。本屋のオヤジさんがそんな出版社は聞いたことないなと思って、取次の発行している名簿か何か（ボロボロになっている）を調べたんだろうなとか、これまたいろいろ想像してしまう。

本を箱に入れた後は、納品書にハンコをもらう。トーハンにはイケてるお兄さんが四、五人いる。このお兄さんたちは、とても優しい。

トーハンの場合、何とかフェアの分（普通の注文と違う）とか取次在庫の分とか、何伝票を提出しろ、ああしろこうしろとよくお知らせが来る。おみくじ棚に入っていたり郵便で来たりいろいろだが、本当によく来る。はじめの頃は、そういうイレギュラー伝票を持ってわざわざ本社の仕入部まで行っていた。

これが緊張する。口座開設以降はあまり行くこともないし、唯一懇意（とこっちで勝手に思っている）だった体育会の担当からも外れてしまった。ちなみに、外れたことがわかったときは、別の意味で衝撃的だった。一年ぶりに訪問してカウンターの前で黙って待っていたら、

「あ、アニカさん、今度担当が替わりました」

と声をかけられたのだ。デキる人は取引相手の顔と名前をよく覚えている（帝国ホテルのドアマンの話とか）そうだが、こういうことかなと感心した。このデキる体育会は出世して、みそっかす版元のうちは新人（当時）の担当に替わったのだと推理している。

新しい担当の人とは、年に数回の見本納品のときぐらいしか会わない。だからいつまでたっても親しくなれなくて緊張してしまう。仕入部はなんとなく敷居が高い。受品口のイケてるお兄さんたちとは大違いだ。

出版営業について教えてくれる人はみんな、取次（仕入部を含む本社）には頻繁に顔を見せなさいと言う。確かに、カウンター越しに仲よさそうに話している出版社の人たちを見ると、深いつき合いの中からいろいろ生まれてくるんだろうなと思う。「このベストセラーが生まれたのは、版元と取次がこう協力して……」なんて書いてあるのを読むと、そういうつき合いを日頃からしてないとダメだとも思う。が、こっちで勝手に緊張して足が遠のいてしまう。

おまけに、そのイレギュラー伝票の処理だが、ある日、試しに注文受品口のイケてるお兄さんにきいてみたら、気持ちよく「いいですよ」と言ってハンコをくれた。

根が臆病者なので、優しく対応してくれる人のほうがいい。それ以降、ちょっとしたことなら仕入部じゃなくて受品口のお兄さんに尋ねてみるようになった。で、毎回、お兄さんは鮮やかに処理してくれる。ますます仕入部からは遠ざかってしまう。

注文の本を納品してハンコをもらうのは、王子にある日販の受品口も同じだ。こちらは、納品場所の横にある小屋の中に、おネエさんが二人いる。一日中ハンコ押しで疲れるのか、すごくむすっとしている。声をかけても、返事もしてくれない。最近は検数のためのおじさんかお兄さんが外にいる。伝票に書いてある納品数と、実際の冊数が合ってるか、チェックするのだ。ちょっとイヤラシイとも思うが、その代わり怖いおネエさんに会わなくて済む。

一度、検数のお兄さんから、

「日販さんから、この紙を出版社さんに渡すようにって」

と言われて何かのチラシを受け取った。チラシはどうでもいいんだが、その言葉遣いからすると、彼は日販の人ではない。受品と力仕事（受け取った本を運ぶ）だけ委託されているどこかの会社の人たちなんだと、初めて知った。

ある日、書店さんから「急ぎのお客さんなので、直接送ってくれ」というファックスをもらった。似たようなケースについて、どこかで読んだ記憶がある。取次には後で納品書を回すとか何とかだったが、よく覚えていない。

ファックスに日販帳合（＝日販から仕入れているということ）の番線印が押されていたので、日販に電話してきいてみる。

「直接送ってほしいということですが、伝票はどうすればいいですか？」

私の尋ね方がおかしかったのか、そんなことはできないと言う。変だなあと思いつつ、ファックスの書店さんに電話した。

「ダメだと言われたので、請求書つけてヤマトで送っちゃっていいですか？」

おそらく、チェーン店じゃない小さな本屋さんじゃないかと思うけど、そのほうがいいということになった。取次の取り分を山分け（一冊じゃたかが知れてるけど）することにして、宅急便で送った。うちは小さいからそういうことなのかな、と思っていた。

ところがその後、日販から「急ぎなので書店に直接送ってほしい」という電話が来た。ちなみにその書店さんは大手チェーン。最初のファックスの書店さんとの違いは規模なのかと疑問に思いながらも、言われるとおり送ることにする。

送料はこっち持ちだ。日販にしてみれば、王子だろうと書店だろうと日販のコストはゼロで届けろということだ。が、うちにとっては、納品数が増える分にはいつもと同じだけど、ヤマトで送るのは臨時の出費である。

それはともかく、伝票はどうすればいいのか尋ねると、仮伝票がどうと簡単に説明してくれたがよくわからない。うちは普段、手書き伝票を持って注文納品に行くくらいのことしかしてないので、もっと具体的に説明してくれと頼む。そんな出版社に電話したことなかったのか（そんなことないだろ）、電話の向こうで困っているようだった。

結局、いつも注文納品に行く王子に、その分の取次向け伝票と書店から受領印をもらった仮の納品書を一緒に持っていくことになった。

一回目はそれでOK。受品口でハンコをもらえた。ちなみに五冊。

数日後、日販の同じ人から追加の電話がきて、また直接書店に送った。受品口でまた同じようにすると、今度はダメだという。書店の受領印と伝票を、本社のなんたらという部署に送れと言う。ちなみに今度は二十冊。

本社は御茶ノ水にあって帰りに寄ってもいい（送るのは郵送コストがかかるので避けたい）んだが、ほんの数日前に受け取ってもらってるので、一応そう言ってみた。

「じゃあ、今回はいいとして、次回から本社にお願いします」

テキパキしたお兄さんで、融通を利かせてくれた。今思うと、このときのお兄さんは業者でなくて日販の社員の人だったに違いない。一瞬、小屋の中にいるハンコ押しのおネエさんから文句が出たが、結局ハンコはもらえた。

三回目のときは、納品の帰りに本社に寄った。トーハンの本社と違って、日販には受付嬢がいない。しょうがないので仕入部のある階まで行って、そのへんのおネエさんを捕まえて尋ねる。何人かに尋ねてようやく、仮伝票の処理（だけ？）をしているおばさんにたどり着く。小屋のおネエさんを思い出して一瞬緊張した（女性は怖いのである）んだが、とにかく受領印はもらえた。

その後、書店に直納することが増えて、おばさんからも何度かハンコをもらったが、このおばさんは意外と優しい。

取次の返本おじさんと本社

ただでさえわからないことが多くて少しずつ学んでいる状態なのに、業界にはいろんな動きがある。そういうとき取次会社は、前もって大手の出版社にご説明に伺って、ご賛同いただいてることだろうと想像する。が、私の場合、取次から来る何々のお願いと書かれた紙一枚（お達しである）で、ようやく変化を知ることになる。業界ニュースに目を光らせていれば予習できるんだが、毎日の業務のほうが楽しいので、そういうことはサボっている。

ある新刊のとき、配本の残りの本を届けてくれた運送屋のオヤジさんが、こう言った。

「すごく遠いところに、トーハンが新しい流通センターを作ってるんだよ。こんな近いところばっかりならいいんだけどね。往復して半日潰れるようなところは困るよね」

製本所など出版関係の会社ばかりを回っている運送屋さんなので、いろいろ聞くらしい。

「えっ、流通センターですか。注文の納品口も変わるのかな？」

「いや、最初は雑誌が移るらしいけど、よくわかんない」

オヤジさんも、実際のところは詳しくなさそうだった。それに、私の細々とした注文納品にはとりあえず影響なさそうだったので、すっかり忘れていた。

しばらくたってから、日販から「返品は他の取次と共同でする」というお達しが来た。うちは新刊が出てすぐ（どさっと第一期返品が来る）を除くと、返本おじさんが一冊だけ持ってくることもよくある。だから、トーハンと日販がまとめて持ってきてくれるならそりゃ結構と思っていた。

が、何も変わらなかったので、そのこともすっかり忘れていた。

またしばらくして、新しい返品センターの説明会をするから来いと、今度はトーハンからお達しが来た。あんまり関係なさそうだったが、わざわざ呼んでくれたんだから邪魔にされることもないだろうと思って、久しぶりに本社まで出かけることにする。

もしかすると日販の言ってた共同返品の話かと思ったけど、全然違った。埼玉県の桶川に新しくできた返品センターの話だった。なるほど、運送屋のオヤジさんが話していた流通センターとはこのことか。確かに桶川なんていったら都心から直線距離で五十キロ。毎日搬入に行くというより、高速道路でドライブの距離である。で、場所はともかく、どんなにすばらしい流通センターかという説明ばっかり。

ただ、バーコード管理になって書店ごとの返品データが取れる云々の話に、私以外のほとんどの参加出版社が反応している。私としては書店ごとの返品がわかっても、日本全国の書店に営業なんて行けないので、あまり意味がない。まして当然のことながら、そのデータはただではもらえない。

うちに関係することも、ひとつあった。それまでみたいに紐で結わかないで、オリコンに入れて返品したいから了承してほしいという説明。オリコンが何なのか知らないのは私だけのようで、誰も質問しない。入れて返すというからには、箱みたいなものだろう。なんと、本の傷みが少なくなるらしい。了承も何も、こっちからお願いしたいくらいである。

ついでに、紐で結わいた束ひとつにつきいくらだった返品手数料が、箱一個ごとに変わるとのこと。箱がいっぱいじゃないときは割合でというから、問題はなかろう。

ところが説明会の後も、しばらく何の変化もなかった。本の傷みや返本手数料の問題となると、さすがのうちもダイレクトに影響を受けるので、これは忘れない。返本おじさんが来るたびに、

「なんだ、また紐か。早く変わらないかな」

とガッカリしていた。

すると今度は、日販から「返品手数料を束ひとつにつきいくらでなくて、一冊あたりに変更するので了承しろ」というお達しが来た。少し前の三ヶ月間の返本数をもとに、一冊あたりいくらかわざわざ計算してくれていた。

試しに検算してみる。ちょうど暇だったせいもある。総返品手数料を総返本数で割ったら、合っていた。合ってはいたが、損な気がする。もともと一束あたりの手数料を払っていて、その一束がほんの数冊の束だったりすることも多かったのだ。それでもお達しはお達しなので、了承印を押した。

と思っているうちに、日販の返品についてくる伝票が突然変わった。週一回来るいつもの返本おじさんなのに、それまでの数枚複写の薄い紙じゃなくて違う紙を持ってきた。Ａ４の普通の紙に印刷してあって、相変わらず何枚もある。システムが変わったなら、ついでにそのあたりのコストセーブもすればいいのにと思う。見ると、他の取次の欄もある。

「これって、例の共同返品の伝票ですか？」

「そうじゃないかな。よくわかんないけど」

「トーハンさんの返品は一緒じゃないんですね」

「トーハン？　それはよくわかりません」

返本おじさんには、全体の変化はよくわからないらしい。

実際は、この共同返品にはトーハンは加わらなかったのだと、後から知った。自分とこで大きな流通センターを建てたから、上手く話がまとまらなかったのか。このあたりも、業界ニュースをカバーしてる人はみんな承知のことかもしれない。

ちなみに私が一番期待していたトーハンのオリコンだが、瓶ビールの箱みたいなプラスチックの箱だった。ある日突然これで返品が来て、ビックリした。了承させていただいてから、一年以上たっている。なぜタイムラグがあったのかわからない。

問題の本だが、確かに傷みが少なくて、本体はほとんど無傷。カバーだけを巻き直したらＯＫだ。消しゴム作戦が格段に楽になる。折り畳めるので厚さ十センチくらいになって、たいして邪魔にもならない。これはいい。日販もぜひ箱にならないものか。

そう思ってたら、日販のほうが箱入り返品になったのは早かったはずと、教えてくれる人がいた。試しに日販の返本おじさんにきいてみる。

「あのう、トーハンは箱入りで返ってきて、本が傷んでなくてすごくいいんですけど、日販さんも箱入りになりませんか？」

「ああ、箱ね。トーハンさんのは折れるでしょう。うちのは大きさが変わらないから嵩張《かさば》って嫌だって言う版元さんが多いんですよ」

本屋さんに直納したとき、仮伝票の処理で少々苦労したことを思い出した。箱に変えてもらうのにも、あちこち電話かけまくらないとダメかな。そう思いながらも、一応返本おじさんに言ってみる。

「嵩張っても箱のほうがいいんですけど、どこに連絡したらいいかわかりますか？」

「あ、じゃあ、言っといてあげますよ」

おじさんの話では、日販も箱入りにしたいんだそうな。そりゃ、嵩張らないほうがいいけど、やっぱり本が傷まないほうがいい。そっちも箱入りにしたいなら、早く教えてくれ。

おじさんは本当にしかるべき部署へ伝えてくれたようで、（意外にも）ちゃんと翌週から箱で返ってくるようになった。

箱入りに変わってから、おじさんが一冊だけ持ってくることがなくなった。向こうである程度の冊数になるまで溜めているらしい。月に一回なんてときもあって、来なけりゃ来ないでホッとするんだが、来るときには返本数が多いのがたまにきずである。

普通のマンション
〃
事務所の玄関に
トーハンの
オリコン(返本)

新刊見本の行き先

ある日、編集をしている人のブログで、献本が古書店で売られていたという話を読んだ。新刊となって世に出たときに、著者や出版社からいろんな人に贈る本が献本である。「謹呈」と書かれた札のような紙切れを挟んだりする（らしい）。著者の場合、中にサインをする人もいるんじゃなかろうか。

贈られたものをどうしようが、贈られた人の勝手である。いっぱい受け取る人もいるだろうし、贈られた本がつまんなかったというケースもあるだろう。でも、発売前の本が古本屋に並んでいるということもあるらしい。それはちょっと悲しい。

捨てられているのを目にしても、悲しいと思う。読まれたということで満足すべきだろうけど、捨てないで人にあげちゃうという手もあるし。幸いなことに私自身は、自分のとこの献本と別のところで再会するということはない。

そう思ってたら、ある人から恐ろしいことを聞いた。新刊を出すときに取次に提出する見本が、返本として返ってくるというのだ。

新刊見本といえば、出版を始めて三年目頃から、取次の仕入窓口の人が変な質問をするようになった。

「伝票ありますか？　それとも献本でよろしいですか？」

以前はきかれなかったことだし、口座開設のときも特別な説明はなかった。面食らったが、どのみち見本はあげるもんだ。売っていただくんだから、商品サンプルをただで提供するのは当然のような気がする。なぜ四冊も必要なのか疑問に思わなくもなかったが、あちこちの部署に行くもんだと想像していた。だから、うちの見本は取次への献本である。

ところが聞いた話では、書店から返ってくる普通の返本と一緒に、この献本した見本が返本されてくるという。よく考えたら、一日三百冊を超える新刊が出て、それぞれ四、五冊の見本が提出されるんだから、取次には毎日千冊を軽く超える本が持ち込まれるということだ。邪魔に思うだろうくらいのことは、想像するべきだった。

それも、ただブツが返ってくるだけじゃなくて、返品伝票にその数がきちんと含まれていて、当然計算書にもマイナス数字で入ってくるらしい。仕入れてもらってないのに、引かれるのは頭に来る。もらった本をどうするかはもらった人の勝手とは言ったが、その分も売上から引くなんて勝手の範囲を超える。

おまけに、うちなんか分母が小さい（配本数が少ない）から、四冊だけでも返品率に影響するじゃないか。

「だから、見本を献本するなら印をつけるっていう版元がいるらしいよ。返ってきたら突っ返すんだって」

本当にそんなことがあるんだろうか。突っ返す以前に、信じられないという気持ちのほうが強い。さっそく次の新刊見本納品のとき、本にハンコを押しておく。その場でたずねるより、こっちのほうが確実だ。

見逃したってことはないと思うんだが、そのときには何も言われなかった。

これまでの経験で、新刊配本するとすぐにドサッと結構な量が返ってくることがわかっている。本屋の店員さんに、「棚に並べるまでもない（どうせ売れないだろうから即返だ）」と判断されてしまった、悲しい本たちだ。だいたい発売日のひと月後までが鬼門で、この間にあまり返ってこないと調子がいい。見本が返ってくるんであれば、この時期に違いない。

日販の返本おじさんが来る日、私は外出の予定があって、ハンコ本は受け取るなと小野田クンに声をかけておいた。

「何、それ。」

「献本した見本が返ってくるかもしれないんだって」

「えっ、本当？」

私と同じく、そんなことは信じられないといった表情。

事務所に帰ってすぐに確認する。

「どうだった？」

「あったよ！　あったよ！　二冊！　伝票にも入ってた」

　返本おじさんに文句を言ってもしょうがないので、ハンコ本はうちから献本した見本である旨、説明だけしたらしい。おじさんは、そりゃ申し訳ないと言って持って帰ったそうだ。すぐにクレームの電話をしようかと思ったが、とにかく持って帰ったというのでやめた。向こうの出方を待つことにする。

　その翌週、またおじさんが来たが、

「今日は調べたけど（ハンコ本は）なかったですよ」

と、ニコニコしてドサッと置いてった。普段だったらその多さに滅入るところだが、ハンコ本のその後が気になってしょうがない。

　うんともすんとも言ってこないのは、手違いでしたと謝る気もないのだとしか思えない。普通に考えたら、ものすごく失礼なことをしているわけだ。仮に意図的でなかったとしても、しかるべき部署から謝りに来るものじゃないか。一営業マンの失態にピリピリする会社だって、世の中にはいっぱいあるのに。

　これは、今までの見本も返ってきてるな。返品率が高いと怒られたこともあったが、あのとき知っていれば言い訳（口答え）もできたのにと、地団太踏んだ。

　二週間くらいして、聞いたこともない会社から電話がかかってきた。後でわかったんだが、共同返品のために取次各社で出資し合って作った流通会社だった。

「受領印がない伝票があるんですけど、なぜですか?」

調べてみると、例のハンコ本を突っ返した伝票である。そう説明したんだが、電話のおっさんにとって「見本は献本だ」云々はどうでもいいらしい。

「じゃあ、返本の束を受け取ってないってこと?（理由はどうでもいいよ、受領印がない伝票は何なんだよ）」

一方的な口調で非常にムカついた。まあ、親会社もへったくれもなくて自分の仕事（作業）以外には興味がない人は、どこの業界にもいるからしょうがない。

それはそうと、この話をしたときの一部の業界人たちの反応にも驚いた。なんという横暴だといって、一緒にムカついてくれるもんだとばかり思っていたら、そうでもないのである。

「なぜ、そんなことで怒るのか理解に苦しむ。献本した見本が返ってくるのは、成績の悪い出版社が取次に払う当然のバックマージンである。取次も民間企業なんだから、利益を上げようといろんなことをする。献本と呼びはするが、業界の慣例である。だから、ものすごく失礼なことをされたと怒るほうが間違い」

これにはビックリした。本当にそういう契約なら、構わない。どのみち、仕入割引だ何々手数料だと控除されるものはいろいろあるし、比較的条件が悪いのだってわかっている。献本だろうと何だろうと見本は返品するという決まりで、前もってそう言ってくれるのなら構わない。黙ってされるのが嫌なのである。だからムカついているんじゃないか。

「嫌なら、見本を出すときに伝票を切ればいい（献本にしなけりゃいい）だけのこと」

そう言う人もいた。でも聞くところによると、普段の掛け率より低い卸値で書かされることもあるらしい。

それに、伝票を書こうが返品率には影響する。返品率が間違った数字になるのも、理系の人間としては気分が悪い。けど、これも前もって知らされているのであれば、しょうがないとは思う。もともと、口座を開設していただいたという自覚もちゃんとある。条件が悪いから出版業は儲からないと嘆く小出版社の社長もいるらしいが、私はそんなこと言わない。自分の努力で儲かるようにしなきゃいけないと思う。自分で言うのもなんだが、一応けなげに頑張っているつもりなのである。

なのに、こんな仕打ちはないだろう。

自分のところの出版社には「献本された見本は後日返品される」という覚書があったと、教えてくれた人もいた。それなら結構。が、うちには断じてない。

思い返してみれば、こういうことがあると最初に教えてくれた人も、別に怒ってはいなかった。

「取次なんてそんなもんだよ。出版業界っておかしいところあるけど、自衛するしかしょうがないよ」

それでもやっぱり、おかしい！　と一緒に怒ってくれる人もいて、ものすごくホッとした。取次会社にいろんな提言や交渉をしていく業界団体があることも教えてもらった。が、うちの場合、成績を上げることのほうが先だ。いくらなんでも、そんな団体に参加するのは少々おこがましい。

結局、突っ返した本は（諦めたのか）二度と返ってこなかった。

でも、それ以降新刊見本にはいつもハンコを押しておいて、返本のときにはおじさんに待ってもらってチェックする。相変わらず返ってくるし、突っ返すのも変わってない。こっちも意地になっている。

成長の実感

注文納品の旅がなんとなく楽になってきたと気づいたのは、いつだっただろう。

出版を始めた頃は、トーハンのおみくじ棚に行ってみたら注文短冊が一枚もないなんてこともあった。けど、最後に空の棚を見て泣いたのはいつだったろう。枚数も増えてきている。日販のおみくじ封筒にも、行き甲斐のある数が入ってくるようになった。一回の旅で数十冊を超えると、こんなに嬉しいことはない。

一冊持って納品に行くのは、本当に辛かった。王子くんだりまで三百グラムにも満たない荷物を持っていき、二時間かけて利益はたったの数百円。バカバカしいと同時に悲しくなる。

苦手な営業は相変わらずサボっているし、どれかの本が人気になったということもない。でも、確実に納品数が増えてきている。

何のことはない。刊行点数が増えたのである。一冊ずつ次は次はと作っているうちに、ラインアップが増えてきた。だから、注文率はあまり変わらなくても、注文の総数が上がってきたのだ。自分で出版を始めた人には、わかってもらえるのではなかろうか。本当に、気がついたらそれまでとは違ってたという感じだ。ああ、出版社は既刊が資産だというのはこういうことだったんだと、妙に感心してしまった。

最初の頃、必死になって業界を勉強したつもりでいたが、ちゃんと理解していたとは言いがたい。結局、自分が実感してようやく、そういうものだと納得がいったのである。

既刊が増えると、自然に在庫も増える。

出版人の多くは、在庫には税金がかかるから在庫は悪者だと言って嫌がる。期末在庫の額は期中の仕入から引かなければならないので、その分利益が増えて税金が高くなるからだ。でも翌期に売ればいいわけで、うちでは在庫は悪者どころか大切な資産だ。

最初の刷り部数がすごく少ないから、今のところ維持にもそれほど困らない。逆に、棚卸作業の製造業っぽさを楽しんだりしている。

この調子でコンスタントに売れる本が増えていけば、どんどん楽になる。さすがに二十年以上売れ続ける本を作るのは、ネタ的に大変だろう（今は激動の時代らしい）。けど、パッと出てすぐ売れてすぐ姿を消す本じゃなければ、十年くらいは売れ続けるんじゃなかろうか。現に、新刊の時期（いろんなところで取り上げられる可能性が高い時期）はとうに過ぎたうちの本でさえ、注文がちょこちょこ入ってくる。

こうしてちゃんと売れる既刊を増やしていけば、新刊がコケるリスクもある程度吸収できるに違いない。うちの場合、本当に少ない冊数で原価回収はできるから、よほどの失敗をしちゃわない限り、補充注文で楽に食ってけるんじゃないか。もちろん補充だけで食うってのはつまらないから新刊を出すけど、食えてたらたまには冒険もできる気がする。

が、コンスタントに売れる本についてよく考えると、これが意外と難解だ。ベストセラーには（後からなら何とでも言えるとはいえ）、ベストセラーになる理由があるらしい。なら、それを学べばいい。かといって、うちみたいな小所帯だと、人気になってどんどん刷ったら返本の山、みたいな事態は絶対避けたい。

もっと、世の中の人がベストセラーと認識しないようなペースで売れてほしい。例えば十年で一万部というと、週一回トーハンと日販に十冊ずつの納品。これは嬉しい。そんな本が十冊もあれば、すごく美味しい。が、十年間細々と売れ続ける本って、一体どういう本なんだろう。

まず文芸作品が考えられるけど、うちの場合は可能性ゼロに等しい。いや、もしかすると著作権が切れた作品をしつこく探せばあるのかもしれないけど、ちょっとやる気は出ない。次に人文書だが、まったくうとい。ビジネスものだと、経営の真髄みたいな本だったら読み続けられるかもしれないけど、数多いビジネス書の中で光るのは至難の技に思える。

そう考えてくると、バカ売れしてその後も細々と売れるんじゃなくて、最初からじっくり細々、けどそれなりに売れる本というのは、意外と思い当たらない。

　納品の旅に変化が生まれたことで、今後出していくべき本の内容について、初めてちゃんと考えることになったわけである。高い志を持って出版社を始める人が多い中、こんなにのん気で申し訳ないとしか言いようがない。


　そう思っていたら、四冊目に出したビジネスマナー本の在庫がなくなりそうになった。初期の頃、返本の山に囲まれて泣く泣くゴミ処理施設まで捨てに行ったことを考えると、すごい成長だ。とはいえ、あっという間に売り切れたというわけではない。新人向けなので春先によく売れる。それを二回経てようやく。

　さて、増刷するべきか。

　なんとなく、絶版にしないことに憧れている。後世に残すのが出版の意義であり、それが文化を支えているなんてことを書いている古い出版人もいて、多少なりとも影響を受けている。けど、ビジネスマナーは後世に残すジャンルとはいいがたい。時代に合わせて改訂が必要になるくらいだ。印刷会社に頼んで再版の見積りをもらったが、千部では新刊とあまり変わらないコストになる。三百部では採算が合わない。ちょっと二の足を踏んでしまう。それに、こんなゆっくりの注文頻度だったら、返本消しゴム作戦で乗り切れるかもしれない。

悩んでいるうちに、本当に最後の一冊がなくなってしまった。

他の本は、第一陣（製本所から届いたままの包み）があったりなかったり、第二陣（消しゴム作戦後の包み）があったりなかったり、返本をそのまま放ってあるのがあったりなかったり。だから、棚卸しのとき以外は、全部で何冊在庫があるのか、大まかには把握してるけどハッキリしない。

それがこの本は、「配本↓返本↓消しゴム作戦↓注文納品↓返本↓消しゴム作戦……」という気の遠くなるような流れを経て、最後の一冊。感慨に耽りながら注文短冊を挟む。品切れで困るというより、文字通りゼロになって清々しい。よく売れるときとは別の嬉しさがある。

後世に残すわけでもなく、類書も結構ある。品切れや絶版になって困る読者はいない。結構悩んだが、気持ちよく、完売御礼の垂れ幕を下げることにした。

売れる既刊のラインアップが減ってしまうけど、コスト回収にかかる年月を考えたらしょうがない。何事もバランスだと都合よく考えることにする。

いつか、回収に不安がない増刷をしたい。よくわからないまま毎日の作業に追われていたのが、その先を考えられるようになったのである。

ある日、PRのために送ってあった新聞社の人から、著者に取材したいという電話がかかってきた。六冊目の『ダンナがうつで死んじゃった』（きむらひろみ著）という本。相変わらず業界の人脈は薄く、新聞に書いてある住所に送りつけただけ。担当者と懇意なんてことはない。取り上げてもらえることをほのかに期待して送るとはいえ、初めてのことにビックリしてしまった。それも読売の全国版。

朝日の書評に出たってもうあまり売れないとか、注文は来るけどその後いっぱい返品されてしまうと言われている。新聞で取り上げられても大した効果はないらしい。けど、実際取り上げてもらえるとなると、めちゃくちゃ嬉しい。

さっそく、ビールのつまみに佃島名物のレバーフライを買いに行く。小野田クンとその部下を捕まえて乾杯するのだ。ビール自体は常備してある。

「いやあ、どうする？　ベストセラーになったら！　作って一ヶ月で在庫がなくなるのは初めてじゃない？　ついにうちも増刷か！」

「まだ書評に載ったわけじゃないじゃん」

私以外の人間は、冷めているのである。それには構わず、というか、こっちは興奮が収まらない。

「あの遠い日販まで、原チャリじゃ無理だね。スープラ出したって、あの車じゃ載せて二百冊ってところか。短冊を本に挟むのも大変だよ。次の本の企画が決まったばかりなのに、毎日行かなきゃなんないかも」

行くのが嫌なのではなくて、そのときを想像して楽しんでいるのである。小野田クンの部下が言う。

「そんなに売れるんだったら、佃さんが行くことないじゃないですか」

小野田クンも言う。

「編集者を頼めばいいじゃん。こないだ、出版業界のスタッフの派遣もあるって言ってたじゃん」

「いかん！　いかん！　うちはひとりでやってるから儲かるんだ」

取材申込だけでこれだけ興奮できる人も珍しいと、二人は笑っている。この人たちは人材派遣事業担当だから、本が売れようが売れまいが、あまり関係ないのだ。

私は楽しいことを考えるのが好き。ぬか喜びになろうが気にしない。毎日頑張って働いてるんだから、何か楽しそうなことがあったら前向きにどんどん想像する。そうすると、実現したらしたで二度美味しいではないか。

記者のリクエストどおり著者インタビューを設定した。が、本とは少々離れた内容の記事になるので、本のことは今回は書けないと言う。とても礼儀正しい記者だったので、そこをどうにかとしつこく頼みたいところをぐっと我慢する。

ひと月ちょっとたって、本の紹介を近いうちに載せますと記者から連絡があった。

「ご協力いただいて、そのままになっていてすみません。たぶん二週間後くらいに出ると思います」

いやあ、待っていた甲斐があった。前もって掲載日はわかるというので、ワクワクしながら続報を待っていた。よし、連絡が来たら書店営業だ、取次にも相談に行こう！

メディアに掲載されても、タイミングよく書店に並んでいないと、お客さんが簡単に諦めてしまうらしい。だから、巷の出版社は、いついつの新聞に広告が出ますといって、余裕を持って書店に営業するらしい。

すると、金曜日の夕方遅くに、火曜日の朝刊に出ますと電話がかかってきた。ゲッ、営業はどうしよう。お待たせしちゃったので急ぎましたと謝る記者に、文句は言えない。こんな大チャンスなのに活かし方もよくわからないし、なにしろ日数がなさ過ぎる。これは困った。

とりあえず書店向けに、全国紙に出るとファックスする。でも明日取次に納品したとしても、火曜日の朝刊には間に合わないかもしれない。近い書店には、直納もしますと書き添えた。

一夜明けて土曜日の午後、書店営業に行ったが、すごく反応が悪くてめげてしまった。おまけにファックスの反応も悪い。新聞に出たって売れないというのは本当のことなのか、とにかく多くの人がそう思っているらしい。

そんなこと言ったって、うちとしては一冊でも多く売れてくれれば嬉しい。だけど、扱ってもらえなかったら、お客さんの取寄せ注文しか期待できない。

「コストをかけずに全国紙に出るんだから、よしとしよう。いくらなんでも十人くらいは買うだろう。でも、書店になければ諦められちゃうか」

頭の中をいろんな考えがぐるぐる回る。

期待するようなしないような変な気分で、掲載日を迎えた。なんと朝九時ピッタリに、問合せの電話が鳴る。日中もちょろちょろと、問合せ以外に直接買いたいという電話も来る。

微妙である。

本は本屋で買えるとわかっている物だから、うちに問い合わせずに書店へ行ってくれたと考えるべきか。あるいは、じゃんじゃん電話が鳴らないのはよろしくないと考えるべきか。なにしろ初めての経験なのでわからない。

なんと書店からの注文は、掲載日の一週間後以降、だんだん増えていった。これは知らなかった。巷の読者は、新聞を見てその日に本を買うわけではなかったのだ。

インターネットの通販では、申し込みの手軽さや迅速なサービスがとても重要らしい。本と新聞という、とろいメディアならではのお客さんということかもしれない。

新聞掲載をきっかけに、またまたどういう本を出していくべきか考えることになった。今回はヒントをもらったような気がする。ひとりでやっているので、スピードでは勝負できない。本は紙媒体で、なおかつ雑誌のように消えていかないというところに、答がありそうだ。

新しい出版の誘惑

まがりなりにも数年出版社を続けることができて、少しずつ業界の知り合いも増えてきた。さすがに企画の売り込みはまだあまりないけど、ちょっと変わったコンタクトもされるようになってくる。

ある日突然、山内さんというプロの編集者からメールが来た。出版業について勉強したいとのこと。なぜ私のところに来たのか。何か裏があるに違いないと思ったが、会ってみたら気さくなおネエちゃんだった。

製作代の一部を負担するから、好きなように本を作って出させてほしいと言う。今までに手がけた本はすべて重版がかかったそうだが、もっと自分主導で本を作りたいらしい。

「大手の出版社に持ち込むと、いかにも売れ線という構成に変えられちゃいますからね。バカ売れしないかもしれないけど、こだわった作りの本を出したいんです」

妙なこだわりだとうちも困ってしまうんだけど、ようするに売るためだけの小細工をせずに作りたいらしかった。出版の本にも、「読者に迎合するのはよろしくない、そうでなくて読者をリードしてこそ出版社」と書いてある。それはそれで何様？　と思って白けるんだが、山内さんの言いたいことはよくわかる。

うちは別に構わないから、詳細を詰めましょうということになった。構わないどころか、私が作らなくても刊行点数が増えるわけで、こいつは嬉しい。

この山内さんは、一緒に飲んで話してると楽しい。将来出版社を作る計画なのか、取次がらみの話を聞きたがる。私は見本納品や注文納品をしているし計算書も毎月チェックしているので、とりあえず流通業務的なことは広い（浅いけど）知識がある。逆に編集の現場のことはよく知らないので、彼女のプロとしての話を聞いてるとためになる。

こだわりの本作りの話自体は、山内さんサイドの事情が二転三転して一向に進まなかった。本業の他に本を作るんだからしょうがない。それでもちょくちょく一緒に飲む仲になった。

うちは大手取次口座がありながら、新刊を私ひとりでちんたら出している状態。なんとなくもったいない気もする。山内さんみたいに出版に対する方向性が同じ人であれば、こういう係わり合いは嬉しい。

名刺代わりに本を出したい（つまり自費出版）という人もいた。出版社に知り合いがいないらしく、出版とはまったく関係ない知り合いを介して来た。書店に並びさえすれば一万部くらい平気で売れると思っていて、そのくせ原稿は御粗末だったので断ってしまった。

原稿は御粗末だなんてちょっとおこがましい気もするが、そこは出版社としての経験でなく、読者としての長い経験を生かす。

出版社だというだけで、原稿を読んでほしいと頼まれたりもするようになった。こちらも、大概は読者の経験で乗り切る。たまに、これを出して将来はどうしたいという、人生相談みたいな依頼もあって困ってしまう。うちでさえこうなんだから、有名な出版社の編集者はさぞ大変だろう。送られた封筒を開けもしないで捨てるという言葉も、頷けるような気がする。

専業ライターを目指す人たちとも知り合うようになった。彼らは商業出版を目指すというクリアな目的を持っていて、自費出版をバカにしている。

「出版社に印税（原稿料）をもらって出版してこそ、価値ある原稿、価値ある著者と言えますから。プロは金を出さずに出版するものじゃないですか」

ニコニコしながら私にもそう断言する。ごもっともなんだが、自分で金を出して本を出している者としては少々複雑だ。ダメだと言われているような気になってくる。

でも、私がいい企画だといって出資者を探すのは変だ。出版プロデューサーとかブローカーとか、わけわからない人たちと一緒になってしまう。せっかく「製造業かつ自営」を満喫しているんだから、いい原稿なら金を出す人がいるという理屈は無視しよう。

もちろん専業ライターの人たちに他意はなくて、自費出版業者の甘言に乗せられて金を出す、無知で自業自得の人たちとは違うと言いたいのだ。

ところが彼らも、企画出版を勝ち取るためのセミナー料金は、惜しくないらしい。五万円もするようなセミナーに、しょっちゅう行ってる人もいるという。

「私も少し負担します」

と出版社に提案するほうが、一般論を学び続けるより実現は早いんじゃなかろうか。力のある編集者に売れる本にしてもらって、さっさと出せばいいのに。いやいや、世の中はそう簡単には行かないらしい。彼らには、すごいこだわりがあるみたいだ。

ところで自費出版業者といえば、印刷会社を探していたときに小部数もＯＫという言葉に誘われて、いろいろ調べたことがある。パターン化された版型で釣っているお見積りだったが、念のために頼んでみた。するとやっぱり、追加コストが山のように出てきた。早々に、出版社が自費出版業者に発注するような変なことは諦めた。

うちの本は読者への直販が多くて著者経由の売上も多いと言うと、そういう契約なのかと反応する業界人もいる。あらかじめ著者に何百冊買ってもらうと決めておくことが、結構あるらしい。ひと言でコスト回収といっても、いろんな方法があるのだと知る。

とにかく自費出版というのは大きなマーケットなようで、私の周りにもいろんな話が飛び交うようになった。そうなると、

「いい原稿で金も出してくれるなら、うちで出させてくださいよ」

と言いたくなってしまう。相変わらず年に数冊しか新刊が出ないうちとしては、資金の心配をせずにもう一点出せることには、大きな魅力がある。

よし、一度トライしてみるか。そう思ってちょっとだけ関わってみた。まずは、他社が扱う自費出版の手伝いから。

が、自費出版であっても書店に流通させることにこだわる人は、小難しいのである。なんというかプロの著者やライターと、こだわり方が違う。売ることにこだわったかと思えば、自分の思いにこだわったりする。プロの人たちだと、両者のベクトルはほぼ同じだ。

自費出版の人たちは違う。売る話になって、それならと少々提案をすると、それは自分の趣味とは合わないと言う。どうせ聞いてくれないなら何でもいいやと思って黙ると、気をよくして食事に誘ってくれる。で、

「やっぱり売れるに越したことないんでね。もっといろいろ（出し惜しみしないで）教えてくださいよ」

などと赤ら顔で言う。次の日、「趣味に合わない」の繰り返し。

面白いことに、書店流通のことが頭にない自費出版の人は、ハッキリしている。金を出すのは自分、好きなように作らせてくれ。これはわかりやすい。こちらは単なる請負業者に徹することができる。

でも、つまらない。やっぱり自分であれこれ考えて本を作りたい。

おまけに、出版業界の人たちは自費出版をバカにしているということが、だんだんわかってきた。

六冊目の『ダンナがうつで死んじゃった』は、無名の主婦のエッセイだ。これを出すときに取次の図書館営業部に見せに行ったら、

「自費出版ですか？」

とわざわざ尋ねられた。違うと答えると、なんと、

「失礼」

と言ってページをめくり始めた。彼は、よく言えば、編集者がちゃんと仕事をして作った本か確認しただけだ。が、制作費の出所だけで本のレベルを判断してしまおうという姿勢ともとれる。専属ライターの人たちと同じく、自費出版をバカにしている。

出版社でなく著者にとっても、著作リストに自費出版業者から出した本があるとよろしくないらしい。それだけで人の見る目が変わることもあるという。本を買うとき版元はどこかなんて気にしたことなかった（今はある）ので、ほんまかいなと思ったが、そういうコメントはあちこちで目にした。編集者にダメ出しを食らうのを嫌って手っ取り早く出版するために金を出すのだから、実力がないと思われてもしょうがない、ということらしい。商業出版を目指すライターの人たちも、だから絶対妥協しないと言っていた。

実力がないと思われてる著者ってのは、ちょっと嫌である。いや、自費出版した原稿とは別のものを書いてくれて、それが面白かったら、個人的（読者的）には構わない。けど、ただでさえぺーぺーの出版社なのに、これ以上余計なことでバカにされたくない。

そういうわけで、積極的に自費出版に関わるのはやめた。いや、本音を言うと、発刊前のコスト回収は魅力だから、いろんな条件が合えば構わない。自分でも調子よすぎると思うけど、一人で頑張ってるんだから私次第という勝手も許されるだろう。

だんだん慣れてくると、他にもいろいろ目に入るようになる。例えば電子出版。コンテンツを提供しませんかという営業電話がかかってくるようになったが、実はあまり食指は動かない。幸い、著者たちも電子媒体に提供せよとは言ってこないので、全部断っている。コンテンツの提供が嫌なんじゃなくて、CDなんかに焼いたりインターネットでダウンロードさせたりするのが嫌なのだ。

せっかく紙に刷った（高い金出して）のに、なんでまた。個人的に、テレビよりもポータブルDVDよりも読み聞かせCDよりも何よりも、本を手にして読むのが好きなせいもある。パソコンのモニタ画面で読むのも、まっぴら御免だ。電子だろうが電気だろうが、魅力は感じない。低コスト志向なのでたいした紙は使ってないけど、それでもやっぱり紙に印刷したものはいい。それに関しては、巷の本好きが声を大にして言ってくれている。

第一、うちは以前システム開発業もしていた。世の中への普及問題を別にすれば、他人様にお願いしなくても自分たちで作れる。確かに、システムさえあれば、ウケるかどうかは別としてコンテンツはある。けど、システムだって作ろうと思えば作れる。それを、

「小さい出版社だと、本出す以外に何もできないでしょ。うちを使えば、今をときめく電子出版も可能ですよ」

みたいな言われ方をすると、非常にムカつく。

携帯配信もピンと来ない。自分の携帯電話なんか、いまだに一色で縦に六行くらいしか表示しないが、そうじゃなくても読みづらいだろうと思う。昔、パソコンが使えない主婦や学生が携帯電話でピコピコしていたのを、気味悪く思っていたこともある。

「そんな古いこと言っててどうするの。今は携帯の時代だよ。通販だって何だって、携帯の市場はバカにできないよ」

経済の専門家もそう言っている。私だってわかってはいるんだけど、やっぱり読み物は紙がいい。

それから、書店との直接取引などの新形態の流通。とにかくいろんな本に、今の出版の諸問題の犯人は再販制度と委託制度だと書いてある。で、取次を通した従来の流通に疑問を抱いて、新しい流通経路を開拓して成功している出版社の例も書いてある。

一時、うちは古い慣習に縛られることがないんだから（伝統がないことの裏返しだが）、そういう冒険もすべきなのかと思った。

でもどう考えても、私のようなずぼらには向かない。せっかく取次口座が取れて、配本も代金回収もしてもらえるんだから、ここはおんぶに抱っこで楽をしたい。昔から出版をしている会社ならともかく、うちは別業種からの参入だ。大きく儲けたいのなら、もっと流通に問題の少ない業界で商売をすればいいだけのこと。

なんとなく始めてみたら好きだった。うちの状態は、このひと言に尽きる。これで一発儲けようと思って始めたわけじゃない。（いや、少しはそう思ったけど、それが目的じゃなかったのは事実）

ついでに言うと、昔ながらの出版の世界にも憧れてしまうのである。紙不足で大騒ぎになったとか猥褻云々で裁判になったとか、本で読んで知ってるだけだけど、なんか楽しそうじゃないか。

今日も本を作って本を売る

出版社が本を出すことだけが出版じゃないというのはわかったが、それに手を出すのはやめようと思ったわけである。

と言うとカッコいいが、実は新しいことを仕掛ける資金なんかなかったせいでもある。本って意外と売れない！　と気づいたときには、資金は使い果たしていた。

でも今思うに、かえってラッキーだったのではなかろうか。何か仕掛けるにも、ある程度の金は必要だ。

ある知り合いの新参出版社（新参同士で仲よくなるのである）には、うちよりも資金があった。

でも、作った本が思ったほど売れないのは同じで、普通に作って出す以外のこともいろいろ検討していた。インターネットで素人さんの原稿を集めて雑誌を作るとか、コールセンターを作って全国の書店に営業をかけるとか。

傍から見てると、あまり確実な路線とも思えない。でもまあ、こっちだって出版の経験が豊富とは言えないから、文句をつける資格もない。とりあえず他社のことなので、様子を見させてもらうことにした。

そうこうしているうちに、うちからは私が手塩にかけた『人情心意気』が出た。潤沢な予算じゃなかったけど、アニカの本と自慢できる一冊がまた増えたのだ。

で、その知り合いの新参出版社は、あれこれ検討していたけど結局形にはならず、検討に時間を取られたせいか、発刊頻度もグッと落ちた。取次の清算時期の関係で、出版社が逆に取次に支払わなければならないことがある。赤残《あかざん》というらしいが、それに陥った。

なまじっか新しいことを始める余裕があったから、迷ってしまったんじゃなかろうか。うちは資金なんかなかったから、とにかく工夫して原価を下げるしかなかったし、新しい作戦に悩む余裕もなかった。もっと前には、出す原稿がなかったから自転車操業に陥らずに済んだ。怪我の功名。

怪我の功名といえば、私が始めたとき、すでに出版業界が右肩下がりになっていたのもよかったかもしれない。出版業は不況に強いとどこかに書いてあったけど、昔はギャンブルだって不況に強いと言われていた。でも、先のバブル崩壊とその後の不況では、ギャンブルだけでなく様々な「不況に強い」業界が裏切った。出版だって強くなんかなかった。

既に悪くなっていた業界に入ったんだから、景気のせいにはできない。失敗したら自分が悪いだけ。いいときとか悪いときとか、あまり考えずに始めることができた。

もうひとつ気づいたことがある。ずいぶん前に出た出版業界ルポルタージュ、つまり当時の生の声だが、四十年前だろうと二十年前だろうと、同じことを嘆いているのだ。例によって再販と委託制度、既得権、国民の活字離れ、大手と中小出版社の格差など。

もっと言うと、最近出た業界本だって同じだ。業界全体の売上が減少に転じたのは最近らしいけど、原因と言われていることは常に同じ。だったら、今さら私なんかが新しいことを試してみても、何も変わらないんではなかろうか。

そうは言っても、今の時代には感謝している。

インターネットのおかげで、いつまでも本の存在を知らしめることができる。うちの本が書店から姿を消しても売れ続けるのは、ネット上に情報があるからだ。

組版だって、ソフトがあるから自分でできて安く上がる（実際はただである）。印刷会社が小部数に対応してくれるようになったから、山のように刷らないで済む。事務ソフトがあるから、制作業務の傍ら経理も在庫管理もできる。

昔は、出版社というものは机ひとつと電話さえあればできると言われたらしい。でも机ひとつと電話じゃ、全部外注になる。そして、今新しい出版社が全部外注で生き残っていくためには、ある程度売れる本を作らなければならない。徐々に勉強しながらってわけにはいかない。

私みたいな人間が出版業を続けていけるのは、本当にラッキーとしか言いようがない。だから、あまり無理をせず、余計なことを考えず、変な危険を冒さずやっていくのが一番いいような気がする。

でも、事業をしているという意味では、あまりのちんけさに情けなく感じたり反省したりすることもある。

編集者だったら、納品なんかに行く時間があったら編集の仕事をするべき。いい成績を上げるためにいい本を作ることが、本来の仕事。営業マンだったら、消しゴム作戦の時間があったら営業に行くべき。いい成績を上げるためにどんどん売ることが、本来の仕事ではないか。そんな声も聞こえてくるような気がする。

テキヤの世界では、自分のシマを持たずに一角だけ与えてもらう流しの人間を、雨だれ香具師といって軽蔑するらしい。他人の軒先を借りてする商売なんか、辛気臭くてテキヤの風上にも置けないというわけだ。

取次に全面的に頼って、潰れないように細々と営業しているのも、同じようにドン臭いかもしれない。

でも、倒産する出版社も多いと聞く。派手な商売をしたって、潰れてあちこちに被害を与えたら、そんなの本末転倒だ。うちで支払いが生じる相手はせいぜい印刷会社と著者くらいだが、彼らに絶対迷惑はかけたくない。あとは取次会社に邪魔にされないように頑張れば、誰にも遠慮することないだろう。

……と、今は思う。けど、この先はわからない。今までだって、わからないことばっかりだった。これからもどんな苦労が待ち受けているのか、先のことはわからない。

わかってることはただひとつ。本作りは好きだから、この出版社を続けられるように楽しみながらも頑張り続けるということ。

あとがき

ただ本を読むことが好きだった私が、あろうことか本を出す「出版社」の立場になったのもビックリですが、まさかこうして本を書く「著者」にまでなるとは思ってもみませんでした。

何もわからずに出版業を始めて以来、ブログで密かに苦労や愚痴を綴っていました。「こんなもん、誰が読むんかいな？」と思いながらも、まあ私のストレス発散になるからよかろうと、文句たれたれの書きたい放題です。アニカが出版社として百年生き残ったら、未来の社員がこれを参考にして豪華な社史（私の写真のキャプションは、「美人創業者」を希望）でも作ってくれるだろうか。そんなアホみたいな想像をしていました。

そのブログが縁で、このような本が世に出ることになるとは！

晶文社さんからお話をいただいたときは、ブログと同じく「そんなもん、誰が読むんかいな？」と思ったのです。けれども、先輩中の先輩である出版社の、先輩中の先輩である編集の方と、先輩中の先輩である営業の方を前にして、「そんなもん」などと言えるわけもなく……。「駆け出し出版社の人間が出版の本を書いて、他社から出す」というヘンなことにも一切疑問を持たずに、ヘラヘラと「よろしくお願いします」と返事をしていたのでした。

一瞬、「こんなものが取次の目に入ったら、うちはおしまいだ（口座取得の話なんかは、秘密にすべきじゃなかろうか。細々と続けていることに開き直ってると思われたら、目をつけられるかも……）」と思ったのですが、「天下の晶文社がついているんだから大丈夫だろう」ってなことで、とにかく書き始めました。おまけに、それまでひとりで全部しておりましたので、晶文社さんの本づくりと営業を別の立場から学べるという魅力に勝てるはずがございません。

そういうわけで、このような苦労記ができ上がりました。

一応、こんな私も日々学んでおり、ここで書いた出版業界の話もアニカという出版社も、いろいろ変わりつつあります。しかしながら、とにかくここまで来た記録をこのような形でのこせることは、とてつもない幸せと思っております。

トーハンの「体育会」さまをはじめとして多くの方々に助けられてきたことを、こんな「言いたい放題」の文章でのこすのもいかがなものかと思いますが、ま、それはそれ……じゃなくて、ここでお詫び申し上げてお許しいただいて。いえいえ、本当に、今までお世話になった取次会社、書店、印刷製本会社、著者、読者ほか多くの方々に、この場を借りましてお礼申し上げます。

最後に、「あんな独りよがりのブログを面白がり、出版社の営業職の飲み会があるので来ないかと誘ってくださった」某社の真柄さま、「その飲み会がきっかけで、なんと晶文社の『月刊営業の友』に私のことを書いてくださった」営業の高橋さま、「その『月刊営業の友』を読んで本書の企画を進め、本書でお世話になるだけでなく大変貴重な勉強をさせてくださった」編集の島崎さまに、心よりお礼申し上げます。

アニカ　佃由美子

アニカ刊行目録

情報処理能力活用検定　分析と理解
NPO法人高齢者自立支援協会編　2002年９月
福祉の仮面　自覚のない加害者、後ろめたい被害者
中澤鉛筆　2003年１月
あるばむ　人には尽きない話がある
楠井洋子・文　南川博・絵　2003年７月
３日後には人気の新人　最初のビジネスマナー
関口泰子　2003年10月
介護専門職のための利用者本位の介護技術
綿祐二　2004年10月
ダンナがうつで死んじゃった
きむらひろみ　2005年５月
ビジネスマナーインストラクター
関口泰子　2005年10月
人情心意気
三遊亭鳳楽　2006年３月
ヘッドハンターが教える　チャンスの扉を開く人覗く人閉じる人
森博禎　2006年９月
いけいけ！　ボランティアナース　在宅ケアの新しい形
菅原由美　2006年11月
非常本
山村武彦　2007年４月

著者について
佃由美子（つくだ・ゆみこ）
一九六四年愛知県生まれ。日本大学理工学部建築学科中退後、渡豪。永住権を取ってゼネコンに勤務。帰国して数年の会社勤めの後、翻訳やシステム開発などを請け負う会社を友人と設立。のんびりといろんな事業で食べていたら、二〇〇二年に突然出版取次口座取得。やってみたら楽しかったので、現在は出版業に専念。趣味は、ゴルフ・麻雀・競馬。

日本《にほん》でいちばん小《ちい》さな出版社《しゅっぱんしゃ》

二〇〇七年五月一日初版
二〇〇七年九月五日三刷

著者　佃由美子
発行者　株式会社晶文社
東京都千代田区外神田二―一―一二
電話（〇三）三二五五局四五〇一（代表）・四五〇三（編集）
URL http://www.shobunsha.co.jp
ダイトー印刷・美行製本

ISBN978-4-7949-6709-1 Printed in Japan